中国社会科学院陆家嘴研究基地
Lujiazui Institute of Chinese Academy of Social Sciences

基地报告

REPORT OF LUJIAZUI INSTITUTE,CASS

总编■李　扬　主编■殷剑峰　副主编■何海峰

第5卷

张　斌　等■著

人民币国际化

社会科学文献出版社

SOCIAL SCIENCES ACADEMIC PRESS (CHINA)

目录
CONTENTS

第一篇 人民币在岸与离岸市场协调发展研究

第二篇　人民币跨境清算指标体系

第一篇 | 人民币在岸与离岸市场
        协调发展研究

离岸市场发展及其对在岸
市场影响的理论与国际经验

美国金融危机的关键教训之一是当前国际货币体系对单一储备货币的过分依赖。未来国际货币体系改革的重要方向之一是国际储备货币多元化，在这一背景下，人民币国际化被寄予厚望。

中国政府在推动人民币国际化方面做了大量富有成效的工作，国际社会对人民币成为未来重要的国际货币也无疑义。但是从目前来看，人民币国际化仍面临着不少障碍，特别是僵化的人民币汇率形成机制和资本项目管制。Genberg（2009）认为一国货币要实现完全国际化，要求该货币的国际金融交易应该是没有任何限制的，甚至部分国际化需要资本账户交易的大幅自由化。如其所说，在资本账户开放并不能立即完成的情况下，人民币的国际化是否会受到抑制呢？何东与麦考利（2010）认为答案是否定的。这是因为资本账户全面开放既不是货币国际化的必要条件也不是充分条件，特别是在国际化的初始阶段，通过发展人民币离岸市场即可以化解这一矛盾。

第一节　离岸市场与货币国际化

离岸市场是指为非居民投资者和借款者提供国际性借贷、结算、投资工具等金融服务，不受交易货币发行国金融法规管制，并享受业务发生国提供的较大税收优惠的金融市场（马骏，2012）。货币的国际化则是指一国货币能够跨越国界在境外流通，在国际范围内发挥计价、结算、价值储藏等货币职能。因此，积极发展离岸市场，通过在本国境外建立一个不受本国金融法律约束的离岸金融市场，可以为非居民使用本币提供便利条件，有利于扩大货币的国际使用和流通，特别是在一国货币存在资本账户交易限制的时候。

离岸市场和货币国际化的发展往往是齐头并进的（Gao 和 Yu，2009）。货币国际化伴随的货币使用和流通范围的扩大必然会造成离岸市场的产生，而离岸市场反过来也会进一步促进货币的国际化。从历史上看，美元等全球主要货币的国际使用也常常借助离岸市场来实现，这种情况一直持续到现在。例如从私人存款来看，2008 年美国居民和非居民在美国以外地区的美元存款（即离岸市场存款）占到全球美元存款的近四分之一。而从官方机构来看，则更倾向于离岸市场安排，2008 年年底，在全球美元官方 4892 亿美元的存款中，有 3019 亿美元存在美国以外的地区，而存在美国的官方存款只有 1873 亿美元。这说明离岸市场在扩大货币的国际使用、流通、价值存储等方面发挥了巨大的作用。

离岸市场作用的发挥得益于以下几个因素（He 和 McCauley，2010）。

第一，地理位置、时区、法律体系、监管制度、会计准则、语言等因素的考虑。相比在岸市场，如果离岸市场离投资者的距离和时区更近，法律制度等社会文化因素更相似，那么投资者将会更偏好离岸市场而不是在岸市场。这种选择一方面可以节省投资者的交易成本，另一方面也可以降低投资者进入市场的壁垒，因此离岸市场更易体现出地域集群特征。

第二，离岸市场可以降低投资者面临的国家风险。离岸市场不受货币发行国金融政策、法律、法规的管制和约束。通过离岸市场，投资者可以在货币构成不变的情况下将投资分散在不同的国际市场，这有利于投资者降低货币发行国遭遇主权风险时所造成的损失。例如冷战时期，苏联担心持有的美元头寸会被美国冻结，便把美元存款转存在伦敦的莫斯科人民银行户头上，这被认为是欧洲美元的开端。同时，通过多离岸市场投资，也有利于降低系统性风险。

第三，相比在岸市场，投资者在离岸市场可获得更加优惠的投融资条件。由于离岸市场上的金融活动受货币发行国和市场所在国的限制比较少，使得离岸市场的资金成本相对较低。如欧洲货币市场由于没有存款准备金和存款保险的要求，其存款利率一般会高于国内金融市场的利率，而贷款利率则会低于国内金融市场的利率，所以离岸市场对投资者和筹资者都非常有吸引力。

第四，离岸市场可以更好地规避在岸市场所面临的一些限制。例如20 世纪 60 年代到 70 年代由于美国的资本管制，美元投资者和筹资者不得不借道伦敦去进行美元资金的拆借，使得离岸美元债券市场获得了快速发展。

因此，对投融资双方来说，离岸市场天然具有比在岸市场更好的优势，非居民投资者更偏好通过离岸市场参与某种货币金融交易。而如果所投资货币金融交易存在资本管制，离岸市场则变为对外金融交易的唯一通道（此外就是地下非法渠道）。一国政府货币当局可以充分利用离岸市场这一优势条件，与在岸市场紧密配合，不仅可以推动货币国际化的快速发展，而且可以在资本账户没有完全开放之前，及早将货币国际化引向深入。

这对于人民币国际化来说显得尤为重要。现阶段的人民币国际化并不要求立即实现成为世界货币这种终极目标，这既不现实也不必要。现阶段人民币发展的目标是推动人民币作为贸易结算货币并逐渐成为区域货币，这意味着人民币在实现贸易计价和支付清算之外，还需要一个可以被境外企业和个人参与的人民币银行结算体系和与之互通的人民币资本市场，在国内金融市场相对封闭的情况下就需设立人民币离岸市场（人民币国际化课题组，2011）。

除了规避资本账户管制对人民币国际化的不利影响外，从美国的经验看，人民币最终要成为主要的国际货币，也必须发展离岸市场。McCauley（2011）指出如果没有一个活跃的离岸市场，人民币要成为国际货币特别是储备货币将非常不乐观（it would seem unlikely）。这包括以下几个理由（马骏，2012）：第一，主要国际货币应该是全天候交易货币，以满足不同时区客户在本时区交易的需要，显然只靠在岸市场是无法完成的；第二，要提升主要国际货币的规模交易量就需要"第三方"交易，而境外离岸市场可以为这些交易提供更大的便利性；第三，国际货币的价值储藏属性要求发行国在境外供给大量的货币资产以供非居民持有，这既可能出于某种便利性的考虑，也可能出于对该国主权风险的担忧，美元的经验就说明了这一点；第四，离岸市场的存在可以减少货币国际发行对该国货币政策的冲击。离岸市场为国际货币在国际市场和国内市场之间流动建立一道缓冲机制，可以减少国际货币流动对国内金融货币市场的冲击。

因此，积极发展离岸市场，不但可以有效缓解人民币国际化过程中面临的资本账户开放与国内经济金融发展之间的矛盾，同时也是人民币国际化的必经之路与必备条件。凭借发达的金融市场、紧密的经贸联系以及两地在地理、语言、人文等方面得天独厚的条件，中国香港成为建设人民币离岸中心的最佳选择。

第二节 离岸市场发展的国际经验与教训

1929 年，离岸金融机构在卢森堡就已出现，但是国际离岸市场的发展却应该是从第二次世界大战结束之后开始的。布雷顿森林体系确立了黄金－美元本位的货币制度，美元在美国之外地区的需求量和流通量迅速增加，这促进了欧洲美元市场的发展，伦敦成为重要的国际离岸金融中心。从 20 世纪 60 年代开始，很多国家和地区开始主动建设国际离岸金融中心，新加坡在这一时期就成为亚洲美元重要的离散地。80 年代，美国和日本分别在国内建成在岸的离岸金融市场，离岸市场发展进入了更加快速的发展阶段。2000 年之后，香港启动人民币离岸市场建设，与此同时，内地也希望借离岸市场建设助推人民币国际化进程。

如前文所述，货币国际化要求相应离岸市场的发展，但是离岸市场的发展并不总是伴随国际货币的诞生，国际离岸市场的诞生和发展还存在其他多种目的和用途，这既可能来自市场的自然发展，也可能来自政府政策的推动。国际离岸市场的发展大致经历了四个阶段（香港中华总商会，2010）。

第一阶段：第二次世界大战后到 20 世纪 60 年代后期。这一时期欧洲美元市场开始发展，伦敦成为主要的离岸市场。第二次世界大战后，美元成为世界主要储备货币，欧洲战后重建使得大量美元流入这一地区。二战后的政治事件（包括朝鲜战争、冷战）使得苏联以及东欧国家将美元资产从美国转移到欧洲，欧洲美元市场逐步形成。

第二阶段：20 世纪 60 年代后期到 70 年代后期，亚洲美元市场开始发展，新加坡成为亚洲美元的离岸市场。60 年代后期，西欧公司逐步加大对东南亚的投资，美元开始在亚洲聚集，新加坡政府抓住机会并进行相应金融改革，允许美洲银行新加坡银行分行在银行内部建立亚洲货币单位（ACU），吸收非本地居民美元存款，为非居民提供外汇交易以及资金借贷等业务。

第三阶段：20 世纪 80 年代早期到 90 年代晚期，美国、日本和中国香港加速离岸市场建设。为吸引美元资产回流，美国在 1981 年建立国际银行业设施（IBFs），日本在 1986 年建立了日本离岸市场（JOM），但其主要目的是为日元国际化服务。香港在错过建设亚洲美元市场的良机后，于 80 年代后期开始进行金融改革，离岸市场业务获得快速发展。

第四阶段：2000 年之后，香港发展成为人民币离岸市场。2004 年，香港银行业开始办理人民币业务，2009 年 7 月，人民币跨境贸易结算试点启动，2010 年 7 月，中国人民银行与中国银行（香港）对人民币清算协议进行了修订，进一步扩大了人民币业务的范围。伴随着人民币国际化的不断推进，香港人民币离岸市场将会获得更加快速的发展，并将进一步巩固香港作为国际金融中心和离岸金融中心的地位。

根据金融稳定论坛（FSF）的统计，2000 年全球的离岸金融中心总数共计 42 个（IMF，2000），但是离岸金融交易主要发生在伦敦、纽约、东京等几个国际金融中心。因此我们在此主要介绍欧洲货币市场、美国离岸市场 IBFs、日本离岸市场 JOM 以及新加坡离岸市场的发展，充分吸收国际离岸市场发展的经验与教训，以期对借助离岸市场促进人民币国际化可能产生的风险早做安排，为正在进行人民币国际化和离岸市场建设的中国提供更多的参考，更好地促进人民币国际化的发展。

（一）欧洲货币市场

欧洲货币市场也可称伦敦离岸金融市场，是最早出现的离岸市场，欧洲美元业务是伦敦离岸市场最早的货币业务，目前仍占据着主要地位。伦敦离岸市场产生的背景是第二次世界大战结束后，美元成为全球国际货币，美元对外输出规模不断扩大，逐渐在美国"体外"形成了一个以伦敦为中心的离岸美元市场。欧洲美元市场的形成主要包括以下几个原因。

第一，苏联和其他东欧国家在欧洲的美元存款成为欧洲美元市场的开端。20 世纪 50 年代，苏联和一些东欧国家惧怕美国冻结这些国家在美的美元存款，纷纷将手中的美元转到欧洲国家的银行账户中，成为欧洲美元市场的开端。

第二，1957 年，英镑危机爆发，迫使英国金融当局不得不限制国际贸易清算手段转为美元。英格兰银行禁止英国银行对外国提供英镑贷款，也禁止外国人借入英镑，这些措施使英国银行纷纷转向美元，经营美元存放款业务的资金市场在伦敦运转起来。

第三，欧美不同的金融政策推动了欧洲美元市场的发展。20世纪50年代末，西欧主要国家放松外汇管制，美元可以在欧洲地区自由买卖，资金可以自由流动，而美国出于对欧洲美元的担忧，施行了一系列抑制美元外流的政策举措，这反而进一步促进了欧洲美元市场的繁荣。

第四，20世纪70年代，美国出现的国际收支逆差造成美元大规模对外输出，同时石油输出国组织积累的大量美元流入也对欧洲美元市场的充实和壮大起了巨大的作用。

欧洲货币市场是一种完全国际化的离岸金融市场，不受所在国政策法令的管辖和约束，交易范围也比一般的国际金融市场有所扩大，其特点包括以下几个方面。

第一，欧洲货币市场是一个高度自由化的金融市场。由于交易货币不受任何国家国内银行法的限制，欧洲货币市场是有史以来最自由的国际借贷市场，借贷主体没有限制，一切具有信誉的经济实体都可以自由借贷而无须抵押，同时对借款用途也不加以限制。各国货币当局为了相互吸引欧洲货币资金，扩大借贷业务，也往往采取多种优惠措施，例如允许免交存款准备金、非居民可以自由进行外币资金交易、自由转移资金等。

第二，欧洲货币市场以银行间交易为主。欧洲货币市场虽然以伦敦为中心，但是业务遍及欧洲大陆以及欧洲以外地区。经营欧洲货币借贷业务的金融机构通称为欧洲银行，各银行通过电话、电报进行业务往来，其业务活动大都以批发业务为主。其中，欧洲货币市场银行之间的交易量占70%左右，这与在岸市场的国内借贷市场有很大不同。

第三，欧洲货币市场有独特的利率体系。由于欧洲货币市场不受法定准备金和存款利率最高额限制，其存款利率相对较高，放款利率相对较低，存放款利率的差额很小，因此，欧洲货币市场对存款人和借款人都更具吸引力。

欧洲货币市场对国际金融市场发展具有一定的正面促进作用，但是也为世界经济带来了新的不稳定性。首先，欧洲货币业务使银行风险增大。欧洲美元等货币借款人除了本国客户外，还有外国客户，所以具有国际间极其复杂的连锁关系，借款人有时把资金转借出去，几经倒手，最后甚至连借款人是谁都不能完全掌握。同时欧洲货币业务大都是银行间的批发业务，借款金额巨大而又缺乏抵押保证。这使得欧洲货币业务风险陡增，且极具破坏性。其次，欧洲货币业务影响各国金融政策的实施。对参与欧洲货币市场的国家来说，如果对欧洲美元等资金运用过多，依赖过深，或这种资金流入流出过于频繁，数额过大，那么，在一定程度上将会影响到该国国内货币流通的状况。最后，加剧外汇证券市场的动荡。欧洲货币市场上的资金具有很大的流动性，每当某一主要国家货币汇率出现动荡波动时，它的流动性将进一步加剧。

（二）美国离岸市场 IBFs

20 世纪 60 年代，美国相继开征了多种资本管制税种，其本意是通过限制美国居民购买外国证券来限制资金流出国外。但事与愿违，限制措施的施行不但未能阻止资本流出美国，反而使得资金出现大量外逃，并抑制了外国资本的流入。在这种情况下，大量美元资本由于不能流回美国而造成欧洲美元泛滥，整个 60 年代，欧洲美元市场获得快速发展。由于欧洲美元市场面临的管制较少、税收较低，就使得美国的国内金融机构在吸收存款和发放贷款两个方面同离岸金融机构相比都处于下风。为扭转这一局面，美国提出设立 IBFs，以推动本地离岸美元市场的发展，吸引美元资金回流，提升国内金融市场的竞争力，巩固纽约国际金融中心的地位。

IBFs 并不是一个特设机构，而是在其设立实体中建立的一套独立的、只反映国际银行业务往来的资产和负债账户。根据联邦储备委员会的规定，美国的特许存款机构、外国银行在美国的分支和代理行以及"边缘法"公司等均可建立 IBFs 账户。IBFs 的离岸特性体现在其交易可以免除储备金要求，同时也不存在国内金融机构面临的利率上限问题（Q 条款）。因此，为避免 IBFs 对国内货币政策的影响，美联储通过规则设置将美国经济活动与 IBFs 交易进行隔离。

第一，IBFs 机构的贷款和存款客户严格限定在外国居民（包括外国银行）、其他的 IBFs 以及建立 IBFs 的实体，对美国居民提供贷款或者接受存款都是禁止的。如果美国银行将 IBFs 获得的净资金用于国内经济活动，则需遵守欧洲货币储备金的要求。

第二，期限和交易规模限制。IBFs 的存款业务具有期限限制，IBFs 可以向以上提到的合格客户提供隔夜期限的存款，但对于外国非银行客户的存款期限则不能短于两天。同时，规定非银行客户的交易规模不得少于 10 万美元。美联储此举旨在维护 IBFs 交易的批发属性，但是又不至于将小银行挤出 IBFs 市场。

第三，IBFs 禁止发行可转让票据，以防止未参与 IBFs 的美国居民通过二级市场购买该票据，从而突破国内经济与离岸 IBFs 的限制。但是第三方发行的可转让票据可以在 IBFs 之间转让，前提是票据不能是 IBFs 实体提供担保的。此外 IBFs 可以在美联储允许的交易范围之内参与二级市场交易。

相比 IBFs，美联储对美国银行的国外分行监管则要宽松得多。与 IBFs 不同，国外分行可以接受美国居民的存款，也可以向美国居民提供贷款，在存款期限上也没有限制，国外分行可以发行可转让票据，也可以在二级市场无限制地参与各种资产的买卖。在储备金要求上，国外分行与 IBFs 相同，国外分行吸纳的非美国居民存款无须向美联储缴纳储备金，但是分行从母行获得净拨款、从母行购买的资产以及向美国居民的贷款则都要计提欧洲货币准备金。

从以上总结可以看出，IBFs 尽管开创了离岸市场新的在岸形式，但是具备所有离岸市场的特点与属性，同时 IBFs 相比传统意义上的欧洲金融机构，在业务操作上受到更加严格的限制，美联储相应地建立了各种隔离墙以避免对美国国内经济的影响。截至 2007 年 4 月，美国共设立 232 个 IBF 机构，绝大部分分布在纽约。

（三）日本离岸市场 JOM

日本离岸市场 JOM 是在 1986 年 12 月建立的。JOM 的建立有以下几个背景。第一，从 20 世纪 70 年代末开始，日本国内金融市场出现了缓慢开放的趋势。80 年代初，日本经济已经发展成为世界经济（美日欧）的三极之一，但是金融市场仍远落后于其他发达工业经济体，此时日本国内以及国际要求日本开放国内金融市场的呼声日益强烈。日本离岸市场是日本施行金融自由化，推动金融市场建设的重要一环。第二，日元国际化的需要。随着日元国际化程度不断提高，欧洲日元市场也逐步出现，但是总体上日元的国际地位与其经济地位仍不相称。为摆脱日元对美元的依赖，进一步开放离岸金融市场就显得尤为必要。第三，美国银行业设施建立的影响。IBFs 在提升纽约国际金融中心的地位、增加金融就业机会和税收方面起到的积极影响成为日本离岸市场建设的一个外部推动因素，因此，日本 JOM 的建设很多是模仿 IBFs 而设的。

JOM 设立的形式与 IBFs 极其相似，它也没有具体的交易场所，只是在获准进行离岸业务的银行中，把境外业务另立离岸账户分别处理。设立初期，即有 181 家银行获准从事离岸金融业务。作为离岸金融设施，JOM 账户也同样不需要缴纳国内存款准备金、存款保险，也不受利率管制，对于非居民企业的存款利息同样不征收代扣所得税。

但是 JOM 与 IBFs 也存在不同的地方。首先，JOM 账户不对个人开放业务，同时不允许参与证券交易。IBFs 既可以向客户提供贷款又可以进行证券投资，而 JOM 仅允许向客户提供贷款，不允许经营证券业务。因此，在设立初期，JOM 账户中的资产和负债主要是银行间拆借资金。其次，JOM 对交易主体设有更严格的规定。为防止通过国外分支机构与国内母公司之间的资金划拨绕过对离岸市场账户非居民参与这一原则的限制，防止 JOM 的欧洲日元资金直接流入国内日元资本市场，JOM 规定本国企业的海外分支机构不能成为 JOM 账户的交易对象。

JOM 设立后获得了快速发展。1989 年 6 月底，离岸市场参与银行数目从 181 家增加到 193 家，其市场规模也达到 4618 亿美元，已经成为仅次于伦敦，超过纽约、新加坡和香港的离岸金融市场。但是 JOM 快速发展的同时，也为日本经济带来了负面影响。由于日本央行缺乏对跨境资本流动监管的经验，没有及早对离岸市场发展对国内资金市场的影响做出判断和应对，影响了日本国内货币政策的实施。这主要表现在随着欧洲日元市场的发展，日本大银行短期流动性缺口从先前主要依靠国内公开市场操作中的短期拆借和票据交易来补充逐渐转变为从欧洲日元市场上获得，特别是在 20 世纪 80 年代后期，通过欧洲日元市场向日本国内市场输入的资金规模成倍增长，对这一时期日本的资产价格泡沫起到了推波助澜的作用。

（四）新加坡离岸市场

新加坡独立之后，一直致力于国际金融市场的建设。20 世纪 60 年代，新加坡利用亚洲美元发展的时机，一举建成亚洲最大的离岸金融市场。

新加坡离岸市场发展的背景是，从 20 世纪 60 年代开始，西欧跨国公司将投资重点转向东南亚，而美国银行也为了避开美国政府限制资金外流的紧缩措施影响，策划在亚太地区建立离岸金融中心。1968 年 10 月，新加坡政府允许美洲银行新加坡分行设立亚洲货币单位，以欧洲货币市场方式接受非居民的美元货币存款，为非居民提供外汇交易以及资金借贷等各项离岸市场业务。亚洲美元市场建立。

新加坡发展离岸市场，除了希望促进其国际金融市场发展之外，还希望通过发展离岸市场达到利用外资促进本国国内经济发展的目的。为维护国内金融产业和经济金融稳定，新加坡离岸市场在建设之初采用了内外分离的方式，即分别建立在岸账户和离岸账户，禁止资金从在岸账户流向离岸账户，以此将离岸金融市场上的风险与国内经济隔离。不过随着后来市场的发展、新加坡元自由兑换的实现以及金融市场管制的逐步放松，新加坡政府开始允许离岸账户与在岸账户之间相互渗透，即本地居民既可以用离岸账户进行投资，也可以用离岸账户获得贷款。

新加坡离岸市场大致经历了以下三个阶段，并伴随着改革而不断壮大。

第一阶段，20 世纪 60 年代到 70 年代中期，为新加坡离岸市场的形成时期。这一时期，为了鼓励离岸市场发展，新加坡政府采取了一系列的财政奖励措施，如在税收优惠政策方面，新加坡取消了非居民外汇存款 10% 的利息扣除税，这吸引了众多美元及其他货币的借款人和放款人进入新加坡市场，同时为了鼓励中小国际投资者，尤其是欧洲银行到新加坡经营业务，新加坡也取消了原本对存款保持 20% 流动准备金的要求。这些措施的实施都促进了新加坡亚洲美元市场的初步发展。

第二阶段，从 20 世纪 70 年代中期开始到亚洲金融危机前。这一时期，新加坡政府加快了金融改革步伐，逐步放松金融管制，离岸市场获得长足发展。1976 年新加坡开始放宽外汇管制，并最终在两年后全面取消外汇管制，取消了居民投资亚洲美元市场的限制，离岸市场与在岸市场进一步整合。1984 年，新加坡建立了新加坡国际金融交易所，并推出了欧洲货币期货与期权交易。这些措施进一步刺激了新加坡离岸金融业务的发展。

第三阶段，亚洲金融危机后至今，是新加坡离岸市场的转型阶段。危机之后，东南亚国家大都选择了自由开放的金融改革政策。作为应对，新加坡货币当局进行了第二轮的金融开放与改革政策，如提高非居民在新加坡进行外汇期权、货币互换等业务时的信贷上限、开放银行批发市场、给予所有离岸银行进入银行间批发业务的权利，同时积极开发和发展新的金融衍生产品，提高新加坡资本市场对东南亚及国际金融市场的影响力和吸引力。

欧洲货币市场是最早建立的离岸金融市场，与当时美元作为国际货币密切相关，并为提升和维护美元的国际货币地位发挥了巨大的作用。通过考察欧洲货币市场发展过程对美国经济的影响，可以为中国发展人民币离岸市场提供参考。与自然形成的离岸市场（如伦敦）不同，美国和日本的离岸市场都是在政府的主动推动下建立的。美国 IBFs 开创了离岸市场的新形式，这对后来日本离岸市场建设影响深远。美国的离岸市场建设主要是提高国内银行的国际竞争力，希望提升纽约国际金融中心的地位，而日本设立离岸市场的主要目的则是为了日元国际化，是日本金融自由化的重要配套之一。对于中国未来设立人民币离岸市场以及人民币国际化，美国和日本的经验与教训是，设立离岸市场尤其是在岸的离岸市场，要处理好离岸市场和在岸市场的关系，避免离岸市场发展对国内经济金融活动的影响，同时，金融自由化、资本账户对外开放、离岸市场建设要协调发展，考虑到国内金融市场的承受能力，稳步有序地推进人民币国际化。新加坡离岸市场的发展则与香港有更多相似的地方，未来香港人民币离岸市场的发展可以从其发展中吸取更多的经验与教训。

第三节　离岸市场发展对在岸市场的影响

国际离岸市场的发展既有成功的可资借鉴的经验，也有失败的令人深省的教训。仅仅从货币国际化角度看，离岸市场被看作其中必不可少而又作用非凡的一环，但是也会给本国的经济金融稳定带来一些挑战。离岸市场的发展可能会对本币货币供给产生影响，对本币资金价格（包括利率和汇率）的形成构成挑战，可能会对本国金融稳定造成冲击等。这要求加强对离岸市场的金融监督与管理，尽量降低和避免离岸市场发展对在岸市场的风险与冲击。

（一）离岸市场对货币供应量的影响

本币离岸市场建设可能使一国货币当局更难测量并控制该货币供应量。如果该国货币政策主要以货币供应为中介目标，那么在制定货币政策时，该国就必须考虑离岸市场运行对本币供应造成的影响。

由于货币政策的最终目标是要满足在岸经济与金融发展需要，因此离岸市场货币供给是否会影响在岸市场，一个重要的判断依据就是离岸市场与在岸市场存款的替代程度。如果离岸市场的存款对在岸市场存款替代弹性比较低，就说明离岸市场的发展对在岸市场的影响比较小，中央银行在制定货币政策时可以不用考虑离岸市场的情况。但是如果离岸市场的存款对在岸市场存款的替代弹性比较高，就说明国内居民存款在离岸市场和在岸市场之间潜在的转换弹性比较大，这将会对中央银行的货币政策提出挑战，需要高度关注。

如何评估离岸市场货币供给对在岸市场的影响，首先应该对离岸市场货币供给进行准确的测量，但这是一个难题。目前这部分数据很难获取，国际清算银行会公布离岸市场的存款数据，但是是以季度为基础的，这对于央行的货币政策来说，不具有操作意义。

由于未能阻断离岸市场向在岸市场的货币回流，同时又不能对离岸市场的货币供给进行准确的测量，日本经历了惨痛的教训。前文提到，在JOM 建成后，日本大银行短期流动性来源除了原来的在岸公开市场操作外，还增加了另外一条通道，就是通过 JOM 的欧洲日元市场来获得融资，且规模不断增大。在 1988 年第三季度，日本银行体系通过欧洲日元市场获得短期流动性曾达到 380 亿日元，而通过央行获得的流动性只有 286 亿日元，通过离岸市场获得流动性占到总流动的比例超过 57%（人民币国际化课题组，2011）。这说明，由于离岸市场的建设，日本央行对在岸的流动性逐渐失去控制，货币政策执行效力大大降低。

假使中央银行具有离岸市场存款的准确数据，现在一个问题是央行能否对离岸市场的货币供给施加足够的控制呢？离岸市场与在岸往往处于不同的行政区，或者即使像 IBFs 和 JOM 虽处于同一个行政区，但由于法规、监管等各不相同，也会造成离岸与在岸不同的资金成本。如在离岸市场，由于不需要缴纳储备金，离岸市场存款往往具有更大的货币创造效应，理论上来说，这种货币创造是无穷的。因此，如果央行不能对离岸市场存款实行有效的储备金要求，央行的货币政策制定与实施将会受到非常大的冲击。

即使央行的货币政策正在遭受冲击，利用对离岸市场征收储备金来抵御这种冲击也是无法做到的，因为免征储备金是离岸市场最重要的特点之一，同时要求离岸金融中心对离岸货币征收储备金也不可能被接受。国内货币当局也无须这么做，因为在制定货币政策时，央行更关心的是离岸市场向在岸市场的资金流量而不是存量，因此可以通过欧洲货币净融资征收储备金以达到控制货币供给的目的。如美联储规定，美国银行在其 IBF 户头上获得净资金和从其他外国银行获得资金一样，应该按照欧洲货币的要求计提储备金，以此起到防止美国银行通过离岸中心对国内客户贷款从而绕过储备金要求的作用。

（二）离岸市场对货币利率的影响

如果央行的货币政策以利率为中介目标，那么货币供给的变动对其货币政策的影响程度将相应降低，此时的货币当局将会更关心离岸市场的发展对境内货币市场利率水平的影响。利率作为资金的价格，受到资金供求的影响，但是在离岸市场由于没有存款准备金要求，使得离岸金融机构可以以更高的价格吸收存款，而以更低的价格对外提供贷款，即离岸市场的存贷差要大幅小于在岸市场的存贷差。在两个市场资金均衡价格大致相似的情况下，在岸市场的存款利率将会小于离岸市场的存款利率，而在岸市场的贷款利率将会大于离岸市场的贷款利率（如图 1 所示）。

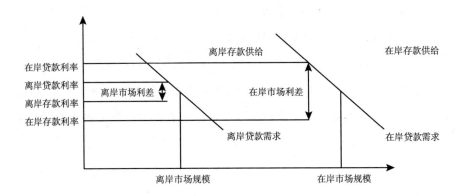

图 1 在岸市场与离岸市场利率关系

资料来源：何东与麦考利（2011）。

当在岸市场与离岸市场的利率差异维持在一定程度内时，将不会对央行的货币政策产生明显的影响，但当二者利率差额拉大时，则要引起央行的注意。具体可分为两种情形：存在资本管制的情形和不存在资本管制的情形。在存在资本管制的情况下，由于资金无法在两个市场自由流动，面对两地同样金融产品不同的利率水平，即使存在套利空间，资本管制也会使得这种套利交易无法实施。在这种情况下，利率的差异并不会对央行的货币政策产生影响。

但是在不存在资本管制的情况下则比较危险。当资本可以在在岸市场和离岸市场自由流动时，资金利率差异产生的套利空间将会驱使资金在两地游走，这不但会引发短期资本流动风险，同时会对在岸市场的利率水平形成压力，进而影响央行的货币政策制定与执行效果。例如当央行制定扩张性货币政策刺激经济时，利率降低，这将会进一步拉大在岸和离岸两个市场之间的利差，在资本自由流动的情况下，大量资本将会从在岸市场流向离岸市场以追求较高的收益率，这时货币当局不得不采取包括提高利率水平等在内的一系列措施来抑制资本外流，这样，政府的扩张性货币政策效果就会大打折扣。

特别地，当一国的在岸市场规模相对离岸市场规模较小时，这种冲击更大。He 和 McCauley（2010）举了新西兰的例子：新西兰债券市场的国际化程度非常高，但是绝大部分债券是在离岸市场发行的，大约只有25% 的本币债券是国内发行商在新西兰境内发行的。2005 年当新西兰政府紧缩货币政策，将隔夜拆借利率上调300 个基点，但由于大量的较长期债券在离岸市场被国际投资者持有，新西兰政府的货币紧缩并未对离岸市场的长期债券造成多大影响（离岸市场通过资本流动传导至在岸市场），这使得长期债券利率出现同幅度的利率上浮，致使新西兰国内利率体系发生紊乱。

因此，离岸市场对一国货币利率的影响机制主要表现为，当离岸和在岸市场产生利率差异时，将通过资本的自由流动熨平二者之间的差异，从而影响该国的货币政策执行效果。这种资本套利活动不但会冲击国内的利率体系，同时也会对该国货币的汇率水平产生影响。作为应对，一方面可以施加资本管制，切断资本的套利空间，另一方面应积极发展本国在岸市场，通过提升在岸市场规模来提高国内应对离岸市场资金冲击的缓冲能力。

（三）离岸市场对货币汇率的影响

离岸市场对货币汇率的影响根据资本管制的情况可以分为两种情形。首先来看存在资本管制时离岸市场即期汇率对在岸市场即期汇率的影响。除了市场情绪等因素之外，离岸市场对在岸市场汇率影响的一个重要渠道就是经常项目渠道，比如在两地即期汇率存在差异的情况下，贸易商就可以通过选择不同的贸易结算地点，从而获取两个市场的汇价差，这成为促进两地市场汇率逐步趋同的重要力量之一。

离岸市场远期汇率也会影响在岸市场汇率。由于货币不能自由化兑换，离岸市场将形成一种本金不可交割的远期外汇合约（NDF）以满足投资者规避风险和投机的需求。然而作为一个处于境外、不受在岸市场监管、交易活跃的远期市场，NDF 市场交易的低成本、便利性和灵活性，使得其往往成为汇率价格的发现者和引导者，即市场信息往往先在 NDF 市场上体现而后传导至即期市场，成为引领即期价格的定价中心和波动来源，从而对在岸市场货币汇率产生影响。

在大致均衡的情况下，NDF 市场对即期汇率市场的影响将会比较小，因为众多的市场参与者所形成的多头和空头将会相互抵消。但是如果市场对货币存在持续的单向升值或贬值预期时，则市场参与者将会通过离岸市场和在岸市场的操作，使得离岸市场的货币升值（贬值）压力传输到在岸市场。对于一个可以同时在离岸市场和在岸市场进行操作的市场参与者来说，如果预期货币升值，则可以通过在在岸市场持有货币多头，而在离岸市场进行空头交易以实现套利，这时在岸市场的货币多头造成对外币（美元）需求降低，推动在岸即期汇率上升。

当不存在资本管制时，本金不可交割的远期外汇合约失去存在的意义而变为本金可交割远期（DF），这时离岸市场和在岸市场汇率将会形成更加紧密的联动。然而，He 和 McCauley（2010）指出离岸市场货币使用的对称性也将会对该种货币汇率产生影响。对称性使用是指非居民将该种货币同时用作投资和融资之用，而非对称性使用则是要么只将该货币用作投资货币，要么只用作融资货币。如日元在离岸市场上主要为国际投资者提供融资货币服务，因为其利率比较低。因此，对于新兴经济体来说，如果利率比较高则会在离岸市场上发挥投资货币角色，从而对本币造成升值压力（或舒缓贬值压力），而如果利率比较低则会在离岸市场担任融资货币角色，那么会对本币造成贬值压力（或舒缓升值压力）。

（四）离岸市场与本币跨境金融交易

活跃的本币跨境金融交易是货币国际化的表现之一，也是发展离岸市场的初衷。本币使用范围的扩大，既包括国内机构使用本币进行金融交易的范围扩大，也包括非居民使用本币业务范围的扩大。

对国内机构（包括银行以及非银行机构）来说，在国际经济金融交易中可以更多地使用本币，这可以带来一些好处，如可以降低货币错配带来的风险，降低外汇头寸暴露规模，这既可以降低金融机构的运行风险，同时也可以节省由风险对冲和拨备所带来的一些成本。但是这也会对这些机构带来一些"负向激励"，如由于可以更多地使用本币进行交易，更多的中小金融机构将会参与到国际金融交易中，尽管他们的参与条件也许还未成熟。如在拉美债务危机期间，由于可以用美元本币进行对外贷款，美国的一些中小银行也积极参与到对拉美国家贷款的阵营中，这进一步刺激了债务国家的借贷需求，增加了系统性风险。

相比国内机构，国外非居民运用本币进行国际金融交易带来的风险要更大一些。如当非居民在金融交易中遭遇本币流动性风险时，首先应该由该机构所在国当局进行救助，但是如果所在国仍无法解决时，也许就要靠货币发行国的货币当局向外国机构施以援手。这种本币流动性支持或者由本国货币当局直接提供给外国问题机构，或者由本国货币当局提供给外国银行的货币当局，由后者代为救助。例如在美国金融危机期间，由于外国银行的美元流动性出现短缺，美联储与多个国家货币当局签订了美元互换协议，向这些国家提供流动性支持。

（五）离岸市场与短期资本流动

离岸金融市场由于较少受到市场所在地和货币发行国金融政策、法规的管制和约束，同时在货币国际化过程中，离岸市场的发展初衷之一就是帮助货币绕开国内的资本管制，这使得离岸市场成为跨国资本自由流动的平台。如针对人民币离岸市场，余永定（2011）认为尽管资本管制并未失效，但是人民币贸易结算政策放开和香港人民币离岸市场发展为资本流动打开了方便之门，甚至进一步刺激了短期资本流动。

离岸市场资金规模十分巨大，且大部分为短期逐利资金。例如在NDF市场，根据纽约联储银行2005年发表的全球NDF市场调研报告（Lipscomb，2005）指出，全球基于风险管理需求的NDF交易比重相当小，60%~80%的NDF交易出于投机需求，它们主要来自国际对冲基金，市场事实也证明NDF市场交易量最大的时期总是投机最旺盛的时期。离岸市场涌动的资金大量用于套汇和套利，在几种货币之间来回频繁移动，使汇价发生剧烈波动，不仅打乱了正常的市场秩序，同时也对一国甚至国际经济产生严重的影响。

第四节　在岸市场的应对措施

对于货币国际化，离岸市场建设即使不是必要措施，也算得上一个极大的促进措施，因此积极推动本币离岸市场建设就显得尤为必要。但是离岸市场建设并不是没有任何代价的，从货币发行国来看，离岸市场对在岸市场的影响至少体现在以下几个方面。

第一，离岸市场对在岸市场货币供应量的影响。如果两个市场存款的替代程度比较大，同时存款流动又没有什么限制的话，离岸市场将会对在岸市场的货币供给产生较大的影响。

第二，离岸市场对在岸市场利率产生影响。离岸市场与在岸市场的利率差异将会产生套利空间，驱使资金在两地游走，这不但会对货币发行国货币政策造成影响，同时对货币汇率水平也将造成冲击。

第三，离岸市场和在岸市场汇率水平差异将会产生套汇空间，离岸市场上的汇率波动将会使货币发行国的汇率决定机制复杂化。

第四，离岸市场将会影响货币发行国的金融稳定。历史经验表明，离岸市场驻扎的资金绝大部分以投机需求为主，套利和套汇空间的存在使得短期资本流动加剧，离岸市场的发展将会使国内金融机构产生更多的国际头寸暴露，金融风险加大。

为发挥离岸市场对货币国际化的正面促进作用，降低离岸市场发展对在岸市场的负面影响，作为应对措施，可以从以下几个方面着手。首先，加强离岸市场的监督与管理，这既包括离岸市场所在地的监督与管理，也包括货币发行国的监督与管理以及二者的监管合作。其次，从货币发行国的角度来看，应积极发展本国国内金融市场，增加应对离岸市场金融冲击的缓冲能力。

（一）离岸市场所在地的监督与管理

虽然所在国家一般不会对离岸市场业务施加任何限制，但是依然可以通过一些手段直接或间接地影响离岸市场的发展，使得离岸市场不会对本国经济金融体系造成冲击。

首先，离岸市场所在国可以通过市场准入准则来影响进入离岸市场的主体。例如要进入美国 IBFs 的外国银行在开展离岸市场业务或业务有所扩大时，都必须要事先征得美国政府的审查和批准，按照规定，只有商业银行、储蓄银行、信用合作社、外国银行在美国的分支行和代理机构才能进入 IBFs，IBFs 的外国银行在美国设立的所有分支机构每年都要接受美联储的常规检查。日本 JOM 对离岸市场的参与者也有类似的规定，1989 年，日本政府对参与者资格有所放宽，但仍规定离岸市场交易一方必须是特定的非居民或其他外汇经营行的离岸账户，必须确认参加者是有资格参与离岸金融的活动对象。日本大藏省（现财务省）规定，参与日本离岸市场的机构必须是得到大藏省批准的、公认的外汇银行，包括外国银行在日本的分行，而像证券公司、一般性法人和个人等则不能参与离岸市场业务。

此外还可以通过一些间接规定来影响市场主体的进入。如新加坡政府规定，进入离岸市场的外资银行除了必须满足最低的资本金标准外，对外资银行的治理结构、风险管理述评等都有严格的要求，其母行必须为世界排名靠前的银行等。

其次，对离岸市场主体的业务范围进行监督和管理。对业务范围进行规定是国际离岸金融市场经营管理的重要内容之一，例如美国政府规定参与 IBFs 的金融机构应按照规定将离岸业务和在岸业务进行严格分离，此外在存款期限和交易规模上都做出相应规定等。新加坡政府则规定进入新加坡离岸市场开办亚洲美元业务的银行必须为亚洲货币单位单独设立账户，此账户只能用于进行非新元的存贷款业务，开展离岸金融业务的银行必须定期报送离岸业务各项报表并满足其他临时要求，接受新加坡监管当局的监督。

除了对准入金融机构的业务范围进行直接的规定之外，像新加坡还通过发放不同牌照的方式对金融机构的业务范围进行管理。在离岸市场建设初期，新加坡政府对参与离岸市场的银行不再发放全能型银行执照，而是逐步创立限制型银行执照、离岸银行执照，其中全能型银行可以经营一切国内外业务，在增设分行、支行、存款业务、账户往来等方面都没有什么限制。限制型银行可以经营亚洲美元单位，但是在国内业务上存在诸多限制，例如不能开设储蓄存款账户、不准设立分行等。而离岸银行的经营范围则更加严格，例如不可设立分行，不得接受储蓄存款，不可接受新加坡居民非银行客户计息存款等。

（二）离岸货币发行国的监督与管理

离岸市场的建立会对离岸货币发行国的货币供给、货币政策甚至金融稳定等造成冲击，因此货币发行国必然要求对离岸市场进行一定的监管，这种监管虽然涉及境外金融市场的发展，但是仍具有一定的合理性。货币发行国对离岸市场的管理至少有两条渠道：一条渠道是货币清算，另一条渠道是对离岸货币交易的法律认定。

首先，货币发行国可以对涉及其货币进行的离岸金融交易通过货币清算渠道行使有效控制。离岸市场中的货币交易，通常只是在货币发行国金融循环系统之外的账户做出与在岸金融账户相对应的记载和反映，真正有形货币并没有离开发行国，所以离岸货币交易必须通过货币发行国的清算系统。这使得货币发行国可以通过对清算渠道的控制来影响离岸市场的货币交易，达到监管的目的。如果离岸本币交易对本国经济金融活动造成冲击，甚至违反其国内相关法规，那么就可以通过实施清算管制甚至冻结的方式对离岸市场本币交易施加影响。

其次，货币发行国可以左右和决定离岸市场上以其货币进行交易的合法有效性来影响离岸货币交易，亦即离岸交易必须遵守货币发行国的货币法令。货币是一国的经济主权，金融机构在使用该货币时即已经承认这种主权的存在并暗含有承担维护该货币主权的义务。因此若离岸市场货币交易未得到发行国许可，那么货币发行国就可以依据其货币主权制止这种货币交易。

除了离岸市场所在国的监管、货币发行国的监管之外，参与离岸业务金融机构的母国以及投资者母国对相应的交易主体也存在监管的义务和责任。此外，为保证离岸市场交易的顺畅与平稳进行，各个监管主体之间应相互加强联系与协调，这相应地产生了离岸金融监管的国际合作以及离岸金融交易的国际监管，这类的监管组织包括巴塞尔委员会、国际证监会组织、国际保险监督官协会等。通过各个监管组织的通力合作，充分发挥离岸市场金融交易对全球经济的促进作用，降低其负面影响。

（三）针对离岸市场对在岸市场影响的专项措施

对于货币发行国来说，除了通过清算渠道和认定货币交易的合法性对离岸市场进行监管之外，还可以针对离岸市场对在岸市场的不同影响渠道，通过专项措施降低离岸市场对国内经济活动的影响。

1. 针对离岸市场对国内货币供应量的影响

第一，加强对离岸市场货币存款的测算和监督，密切关注离岸市场存款与在岸市场存款的关系。理论上，如果离岸市场存款与在岸市场存款的替代性比较高，那么离岸存款也应被纳入国内货币供应量的统计范围，但是一般这部分数据比较难获得，缺乏全面、及时、高频的离岸市场货币统计数据对政策制定者提出了挑战。对于货币发行国货币当局来说，一方面加强同离岸市场货币管理当局的联系，保持对离岸市场的高度关注；另一方面要加强同国际组织如国际清算银行的联系，在数据统计、信息交换、政策制定等各方面加强沟通与合作。

第二，离岸存款信贷乘数管理。理论上，离岸市场存款由于没有储备金限制，货币乘数是无限的，但是在实际中，这一乘数不可能是无限大的，同时受到经济状况的影响，这一乘数还可能不断变化，这要求货币发行国当局密切研究关注离岸市场货币乘数的变动。必要时，可以对离岸市场征收存款准备金来影响货币乘数。如在 20 世纪 80 年代，美国曾尝试对离岸市场计提储备金的可能性，包括对美国的海外分支机构的欧洲美元存款征收储备金，或者与十国集团协商以支持美国对十国集团国家的欧洲美元存款征收储备金，但是并没有成功（Frydl，1982）。但是在个别情况下，通过与离岸市场货币当局的沟通，施加储备金要求也是可能的，这虽然从短期来看有可能妨碍离岸市场的发展，但是从长远来看，这有利于离岸市场的健康与稳定，然而实施的前提是这种储备金要求应该是暂时的。如在香港人民币离岸市场，目前人民币存款的流动性比率存在 25% 的限制，这就可以有效控制人民币存款派生的速度，降低其对内地货币供应量的影响。

除了总量信贷乘数的控制外，最重要与关键的是对于流量的控制，这是因为离岸市场货币存款并不会完全再回流到在岸市场，因此只要控制住在岸市场从离岸市场的净融资规模就可以了。对从离岸市场的净融资施加存款准备金限制符合国际惯例，如美联储规定，一旦美国银行将 IBFs 获得的净资金用于国内经济活动，那么该行必须遵守欧洲货币储备金的要求，从而限制它无限量地增加欧洲美元负债来支持美国资产的能力，其征收储备金的对象不仅包括来自国外分支机构对美国银行的贷款，还包括国外分支机构对美国的非银行客户的贷款。通过对净融资征收储备金，就可以防止金融机构通过离岸中心向在岸市场贷款从而绕过存款准备金要求。

2. 针对离岸市场对货币利率的影响

如果离岸市场与在岸市场利率出现差异，货币发行国当局可以采取以下几个方面的措施。

第一，货币发行国货币当局与离岸市场所在国货币当局紧密合作，通过离岸市场货币当局对市场进行干预，拉平两地之间的利率差异。

第二，如果无法对利率差异做出有效的反应，为避免对在岸货币收益率曲线的影响，在岸市场货币当局可以通过资本管制来避免利率差异对本国经济金融体系的影响。但这个时候应该注意利率差异对货币汇率的影响，如果离岸利率低于在岸同类资产的利率水平，本国货币将会面临货币升值压力，而如果离岸货币利率高于在岸市场利率水平，将会刺激国内居民把在岸市场存款转移到离岸市场，从而使得本国货币面临贬值压力，并造成货币汇率波动。

第三，如果在岸市场和离岸市场资本可以自由流动，两地之间的利率差异将会对在岸市场带来较大的冲击，特别是在在岸市场规模相对离岸市场规模较小时。因此，在这种情况下，大力发展离岸市场的同时必须要有规模足够大的在岸市场支撑，特别是发展在岸的债券市场。发展在岸市场，通过发行高等级、高质量债券，一方面，将会吸引原来离岸市场上的投资者从离岸市场转移到在岸市场，降低离岸市场对在岸市场的压力。另一方面，通过扩大和深化在岸市场债券，可以提升在岸市场对于离岸市场冲击的缓冲能力。

3. 针对离岸市场对货币汇率的影响

在一般情况下，由于宏观经济、市场预期等条件的影响，离岸市场与在岸市场之间出现汇价差异是正常，如果两地之间的汇价差维持在一定的范围之内，这不但不会为在岸市场货币汇率带来影响，而且可以促进货币资金流入离岸市场，从而促进离岸市场的发展。但是一旦两地之间的汇价超过一定的范围（假设离岸市场汇价高于在岸市场汇价），将导致本币资金短期大幅流入离岸市场，可能导致在岸市场流动性突然收缩，这虽然有利于提升在岸市场汇价水平，但是也将造成在岸市场短期利率上升，并影响实体经济。此时在岸市场货币当局可以与离岸市场货币当局联合进行干预，如两地通过货币互换向离岸市场注入本币资金，以此来压低离岸市场货币价格。

如果存在资本管制，一般情况下，离岸市场参与主体很难利用两地之间的汇价差异进行套汇，但是要防止其利用经常项目进行。这将需要加强审查力度，对于经常项目下企业的换汇需求，一定要基于企业真实的贸易需求，防止其通过两地套汇造成在岸市场汇率波动。

除此之外，国内市场方面应积极推动在岸货币汇率制度市场化改革，逐步建立以市场供求为基础的有管理的浮动汇率制度，这本身也是货币国际化的内在要求之一。汇率制度的市场化改革，有利于消除市场对货币单向大幅升值或贬值的预期，有利于消除离岸市场和在岸市场之间的汇价差异，更加市场化的汇率制度也将减少市场参与者利用汇价差异进行市场套汇的可能，从而维持离岸市场和在岸市场的货币稳定。

4. 国内宏观审慎监管

宏观审慎政策主要运用审慎工具来限制系统性或者系统范围内的金融风险，提高经济运行的稳定性。与微观审慎监管不同，宏观审慎监管以防范金融危机为目的，关注金融系统风险的部分内生性特征而不仅仅只重视外生性风险。宏观审慎监管关注横向与时间两个维度。其中，横向维度关注因金融机构之间的相关性与同质性而产生的共同风险敞口问题，而共同风险敞口被认为是危机时期大量金融机构相继破产的重要原因。时间维度方面则关注如何抑制金融体系内在的顺周期特征。

针对离岸市场，应该在制度上明确宏观审慎监管的职能及框架对离岸市场的关注度。根据在岸市场现有的监管机构设置，或通过设立专门的金融稳定部门，或通过完善央行与金融监管当局的协调配合，构建较为完善的宏观审慎监管体系。通过理论研究的深入和政策实践的积累，完善央行和金融监管当局在金融系统风险预警、信贷过度扩张管理、系统性风险的衡量以及系统重要的金融机构风险贡献度的测算、流动性风险的监控与管理等方面的职能。

| 第 | 二 | 章 |

人民币在岸与离岸市场：发展与互动

第一节　对人民币离岸、在岸市场的已有研究

2008 年金融危机前后，人民币国际化的研究大量涌现，并取得了很多进展。最初的研究重点主要是货币国际化的成本与收益、货币国际化的历史经验等一般性研究。随着人民币贸易结算政策的放开和香港人民币离岸市场的快速发展，研究的关注点逐渐转向离岸人民币市场发展，以及离岸与在岸市场之间的相互影响。限于篇幅，下文主要回顾与本研究有紧密联系的文献，对于虽然重要但与本研究没有密切联系的文献不再涉及，比如货币国际化的国际经验研究，以及从发展对外直接投资、国际货币体系改革、官方货币互换协议等角度推进人民币国际化的研究。

（一）为什么要发展香港人民币离岸市场

Paola（2010）指出，由一个国家积极推动自身货币的离岸市场发展是史无前例的。离岸市场的起源在于逃避在岸市场的管制，发展人民币离岸市场也不例外。人民币离岸市场发展势必挑战本国国内的相关管制政策，为什么中国还要发展香港人民币离岸市场呢？学术界提出了以下几种解释。

发展人民币离岸市场有助于推进人民币国际化。以博源基金会"人民币国际化课题组"（2011）为代表的众多学者认为，人民币国际化是大势所趋，通过发展香港人民币离岸市场顺应了人民币国际化的大潮流。其中，何东与麦考利（2011）总结了离岸市场的三大作用：便利交易、分离货币风险与国家风险、超额收益。基于这些原因，国外投资者通常倾向于利用离岸市场来增加某种货币的头寸。因此，发展人民币离岸市场可以增加人民币对海外投资者的吸引力，从而推进人民币国际化。何东与麦考利还指出，即便在目前资本管制的条件下，发展人民币离岸市场还是可行的，其中必备的条件是：离岸金融机构必须在境内银行保持清算账户，并且能够自由地支取。因此，人民币国际化并不必然要求资本项目开放。

支持发展中国香港人民币离岸市场的另一个重要理由是风险可控，可作为中国资本项目开放的试点。与一般意义上的离岸市场不同，香港人民币离岸市场的每一步发展都是在内地与香港货币当局的紧密合作下进行的，内地货币当局对香港的人民币业务发展能保持控制。在内地依然保持资本管制的环境下，香港人民币离岸市场的发展在一定程度上可以看作放松资本管制的试点。李稻葵（2008）认为，由于国内金融体系不够健全，中国尚未做好资本项目自由化的准备，因此提出了双轨制推进人民币国际化的建议，即国内金融体系逐步对外开放，以及在香港建立人民币的离岸市场。

从实践角度看，人民币离岸市场建立以后，海外投资者有了合法、便利的渠道持有人民币计价资产，香港人民币离岸市场中的人民币存款、人民币计价债券等各项人民币产品在很短时间内取得了翻番式的增长，这些发展至少在短期内可以看作推进了人民币的国际化进程。但对此不乏质疑的意见。张斌（2011b）以如何优化中国的对外投资头寸表为分析框架，指出中国对外投资头寸的两大问题是对外资产远大于对外负债，对外资产收益率远低于对外负债的成本。发展人民币离岸市场推进人民币国际化所带来的后果，将是进一步增加对外资产和人民币负债。在人民币仍处于升值趋势，而且在对外资产真实收益率面临严重挑战的格局下，这会进一步恶化中国对外投资头寸状况，给国家带来福利损失。因此，他认为人民币汇率市场化改革和外汇储备管制体制改革更为迫切，而人民币离岸市场发展和资本流入相关的开放应该在这些改革之后。

发展人民币离岸市场倒逼国内金融体系改革是支持发展人民币离岸市场的另一个重要观点。何东和马骏（2011）、张明（2011）、王信（2011）等学者认为，在国内金融改革面临障碍的情况下，人民币国际化尤其是离岸市场的发展，会倒逼国内金融市场化改革。黄海洲（2010）更是将其所产生倒逼机制的重要性与农村联产承包责任制改革、中国加入 WTO 等相提并论。但对此也有不同意见。以余永定（2011）为代表的众多研究者认为，人民币离岸市场发展带来了离岸、在岸市场之间的套利交易，对国内宏观经济管理形成了新的压力，但这些压力是否能转化成国内金融市场化改革的动力并不确定。张斌（2011a）认为，国内利率市场化的症结在于政府不愿意提高地方政府和大企业的债务负担，同时也担心国内大型金融机构的承受能力；人民币汇率市场化改革的症结在于对出口和就业的担心，以及缺乏内需导向型经济发展模式的制度配套。利率与汇率市场化，这两项金融领域最关键的改革，都不是人民币离岸市场发展所能倒逼成功的。Murase（2010）结合日本发展离岸市场的历史教训，认为现行的人民币在岸－离岸发展模式，将制造出新的寻租空间和相应的利益集团，因此反而可能延缓国内金融体系改革的步伐。

总的来看，目前学术界在为什么要发展人民币离岸市场方面存在很大分歧。迄今为止，还缺乏一个比较完整、一致的框架来回答这个问题，认识上的分歧依然存在。

（二）香港人民币离岸市场为何迅猛发展

王庆（2011）认为，由于香港人民币存款具有以下特点，因此基本可以被看作热钱：①主要持有者不是居民，而是企业；②持有的动机是升值预期与利差，具有投机性；③在香港的人民币都是等待机会回流境内的。但是何东①认为，正是因为香港人民币存款 60% 由企业持有，且这些企业都是跨境结算的参与方，这说明绝大部分的人民币跨境结算都是有真实贸易背景做支撑的，并不能完全看作热钱。

Garber（2011）分别对香港人民币计价的存款、债券、股票等市场的供求因素做了分析，揭示了离岸与在岸市场之间的套汇互动机制，他认为人民币升值预期是驱动香港人民币市场发展的核心因素。以香港人民币存款市场为例，Garber 认为其交易逻辑如下：人民币升值预期→CNH 市场投机需求上升→在岸与离岸人民币汇价差扩大→内地进口商更多在港做人民币结算→香港人民币存款供给增加→两地汇价差回落，直至达到平衡。若 CNH 和 CNY 的差价出现逆转，则上述平衡机制也将倒转，香港人民币存款也将出现减少②。Garber 认为，由于人民币汇率存在长期的升值预期，离岸、在岸市场的汇率存在价差，这些都将对人民币 FDI、人民币贸易结算等行为产生扭曲的影响。在升值预期的背景下，虽然内地进口商使用人民币结算是有真实贸易行为做支持的，但其实际上是为了满足投机需求而进行的交易。因此，在上述背景之下，FDI 和跨境贸易的货币结算，均可能具有套汇交易的性质。

除了 Garber（2011）的套汇交易机制之外，余永定（2012）指出还应该考虑套利交易机制，他从利率平价角度考察了香港人民币离岸

---

① 来自何东于 2011 年 5 月 23 日在香港金管局召开的人民币国际化圆桌会议的发言。

② 2011 年 10 月至 12 月，CNH 和 CNY 市场汇价差发生逆转，香港人民币存款下降。

市场上的交易行为，解释了 2011 年 10 月到 2012 年 12 月，在岸外汇市场出现国内金融机构外汇占款下降、银行代客结售汇由顺差转逆差的现象。

还有一些市场人士对香港人民币离岸市场做出了更加细致的分析，因篇幅所限不再展开讨论。总的来看，对香港人民币市场发展的认识分歧不大：人民币升值预期是香港人民币市场发展的核心支撑，市场上存在大量的套利和套汇交易。

（三）离岸市场发展对在岸市场和政策的影响

人民币贸易结算和人民币离岸市场发展增加了外汇储备规模。人民币贸易结算政策放开和 CNH 市场建立以来的多数时间里，进口人民币贸易结算远大于出口。由于进口人民币结算减少了内地市场上的外汇需求，远大于出口人民币贸易结算带来的外汇供给减少，外汇市场上净供给增加。货币当局为了维持既定的汇率水平不得不购入更多外汇资产，导致外汇储备增加。对于上述认识没有分歧，争论之处在于：由于采用不同的数据来源和假定，学界对上述机制下外汇储备增加的规模有很大分歧。此外，还有观点认为海外投资者借助于人民币贸易结算和 CNH 市场替代了原来通过其他渠道获取人民币资产的做法，因此不能把外汇储备增加全部归咎于人民币贸易结算政策开放和 CNH 市场。迄今为止，还没有规范的实证研究能够很好地回答这个问题。

货币当局承担货币投放压力，并蒙受财务损失。如上所述，由于放开人民币贸易结算和 CNH 市场的发展，货币当局被迫购入更多外汇，同时投放更多的人民币。借助于提高银行准备金率、发行央行票据等措施，这部分新增加的货币投放可以被收回，因此货币当局虽然会面临新的货币投放压力，但并不必然会增发基础货币。然而，上述机制的存在对货币政策形成了潜在的威胁。张明（2011）认为这是对国内货币政策独立性的重大威胁。张斌（2011a）强调了货币当局在财务上的损失。由于人民币处于升值趋势，而且人民币负债的收益率可能会高于外汇资产的收益率，货币当局增加外汇资产和人民币负债的做法会带来财务损失。也有观点[①]对这样的损失认定提出质疑：人民币流到海外之后，如果长期滞留在外，就形成了铸币税收入，这也应该纳入总的损益评估当中。但这一观点忽视了以下事实：由于人民币汇率缺乏足够的弹性，为了维持外汇市场的供求相对平衡，货币当局被动地在市场上进行干预；在一定数量人民币流出的同时，大体对应着一笔以美元为主的央行外汇占款。也就是说，中国从境外获取一笔铸币税收入的同时，也向美国交纳了对应数量的铸币税收入。因此，在当前人民币汇率制度背景之下，这种质疑无法排除货币当局将会面临财务损失的可能性。

资本管制依然有效，但是人民币贸易结算政策放开和香港人民币离岸市场在事实上放松了资本管制。MaCauley（2011）、Ito（2011）的研究表明，香港离岸市场与境内在岸市场之间的资本并不是完全自由流动的。这表明实际上资本账户的部分管制目前仍然有效。余永定（2011）认为尽管资本管制并未失效，但是人民币贸易结算政策放开和香港人民币离岸市场发展为资本流动打开了方便之门，甚至是进一步刺激了短期资本流动，相关的政策是事实上放松资本管制的政策。Murase（2010）将中国目前的这种安排称为双重汇率制度（dualexchange），他认为在人民币升值预期的背景下，在岸和离岸两个汇价差实质是托宾税，即境外资本向境内转移需要支付的成本。但是这种托宾税只是针对境外资本流入境内，对于境内人民币资金的输出反而是一种补贴。因此，这种政策安排隐含了福利的再分配。

上述回顾尚不足以完全覆盖近年来的重要研究，只能大致反映研究

---

① 这个观点很重要，遗憾的是只有会议上的口头交流，没有正式文字。

现状。我们看到对于以人民币贸易结算和人民币离岸市场为手段推进人民币国际化存在普遍争议。化解这些争议需要进一步地厘清事实，以及构建更有针对性的分析框架。本课题将进一步地厘清事实，尤其是澄清离岸与在岸两个市场发展的特征事实，并分析两个市场的联动关系。以此为基础，可以更清楚地看到离岸人民币市场发展与在岸市场的互动关系。

第二节　人民币跨境业务的最新进展

（一）金融危机之前：人民币跨境业务的有限发展

在本轮全球金融危机之前，人民币跨境业务的进展，主要体现在以下几个方面①。

第一，边境小额贸易的结算，最主要地集中在我国西南边境地区，这方面的进展主要是市场的自发行为。第二，人民币在香港地区的流通和使用。2004 年香港银行系统推出了个人的人民币业务，包括存款、汇款、兑换等业务；同时指定中国银行成为香港个人人民币业务清算行，成为当时境外人民币回流的唯一正式渠道。第三，从 2007 年 6 月开始，内地金融机构连续 7 次在香港发行人民币债券，共计 220 亿元。这方面的进展，主要是由货币当局根据市场需要而推进的。第四，还包括一些地下流出、流入的渠道。

总体来看，人民币国际化呈现出"大进大出"，但"沉淀量极小"的特点。中国人民银行调统司的一项调查结果表明，2004 年全年，人民币

---

① 徐奇渊、张明：《全球金融危机下的人民币国际化》，《世界经济黄皮书 2010 年世界经济形势分析与预测》，社会科学文献出版社，2009。

现金跨境流出入的总流量达 7713 亿元，而净流出量仅为 99 亿元（人民币现金跨境流动调查课题组，2005）。① 在金融危机之前的阶段，官方对人民币国际化的推进措施，主要集中于香港地区的人民币业务；而在其他地区以及领域（比如国际贸易领域）则缺乏相应的政策关注。

（二）2008 年金融危机之后人民币跨境业务试点的全面铺开

在 2008 年金融危机发生以后，货币当局以非常大的力度，在较短的时间内出台了多项推进人民币国际化的重要措施，按时间顺序来看，主要包括以下六个方面。②

一是与其他国家和地区协定双边本币互换协议。在全球金融危机的背景下，一些国家和地区面临着国际收支的困难，需要获得美元以及美元之外的其他外汇流动性；并且货币当局也有提高人民币国际地位的考虑，尤其是为人民币跨境结算提供资金支持。截至 2012 年 2 月 22 日，我国先后与韩国、中国香港、马来西亚、白俄罗斯、印度尼西亚和阿根廷等 16 个国家和地区，签署了总额达 13362 亿元人民币的双边本币互换协议。

二是开展跨境贸易的人民币结算试点，并最终扩展到整个经常项目。2009 年 3 月 16 日起，中国内地正式运行与香港两地支付互通安排，这标志着内地与香港覆盖多币种、全方位的跨境支付清算合作机制的正式建立。4 月 8 日，国务院又决定在上海、广州、深圳、珠海、东莞等五城市

① 人民币现金跨境流动调查课题组：《2004 年人民币现金跨境流动调查》，《中国金融》2005 年第 6 期。
② 余永定：《人民币跨境贸易结算启动人民币国际化迈出重要一步》，《国际金融研究》2010 年第 1 期。
徐奇渊、张明：《全球金融危机下的人民币国际化》，《世界经济黄皮书 2010 年世界经济形势分析与预测》，社会科学文献出版社，2009。
张明：《人民币国际化再度提速》，《瞭望》2009 年 4 月 12 日。
高海红：《人民币成为国际货币的前景》，《世界经济与政治》2010 年第 9 期。
李婧：《从跨境贸易人民币结算看人民币国际化战略》，《世界经济研究》2011 年第 1 期。

开展跨境贸易人民币结算试点。2009 年 7 月 2 日，国务院六部委发布跨境人民币结算试点管理办法，中国跨境贸易人民币试点正式启动。2010 年 6 月 22 日，国务院六部委发布了《关于扩大跨境贸易人民币结算试点有关问题的通知》，增加了国内试点地区（由 5 个城市扩展至 20 个省、市、自治区），不再限制境外地域，更重要的是，试点业务范围还扩展到了货物贸易之外的其他经常项目结算。根据 2011 年人民银行的最新政策，目前人民币跨境结算已经不再受国内地域、企业名单的限制，只要境外有直接的交易需求，境内企业均可以人民币作为交易媒介。自开展人民币跨境贸易结算试点至 2012 年 2 月，结算金额已经超过 2.8 万亿元人民币；而且人民币结算金额比例不断提高，2011 年全年为 8.9%，如图 2 所示。

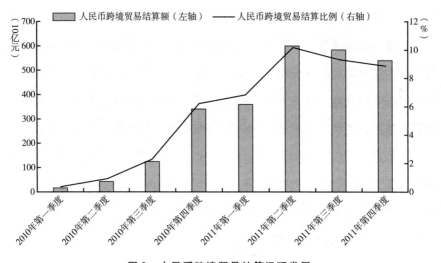

图 2　人民币跨境贸易结算迅猛发展

资料来源：中国人民银行。

　　三是在可控的前提下，推动资本与金融项目下的人民币跨境业务。①直接投资。从 2010 年第 2 季度起，中国政府开始通过个案审批方式试点办理人民币跨境投融资业务。2010 年 10 月，新疆成为国内首个开展跨境人民币直接投资试点的省级行政单位。2011 年 1 月 6 日，中国人民银行发布了《境外直接投资人民币结算试点管理办法》（与 ODI 有关）。2011 年 10 月 14 日，中国人民银行颁布了《外商直接投资人民币结算业务管理办法》（与 FDI 有关）。②证券投资。2012 年 1 月 4 日，中国人民银行发布了《基金管理公司、证券公司人民币合格境外机构投资者境内证券投资试点办法》，这也正是市场期待已久的人民币 QFII，从而为境外机构开辟了使用人民币对在岸市场进行证券投资的合法渠道。

四是在香港发行人民币国债，推动香港人民币债券市场的发展。2009 年 9 月 28 日，中央政府在香港发行总额为 60 亿元的人民币国债。首先，这是货币当局首次在香港发行国债，而此前发行的人民币债券都是来自内地的金融机构；其次，这是在香港规模最大的一次人民币债券发行，此前额度最大的是 2007 年国家开发银行发行的 50 亿元人民币债券。香港人民币离岸市场的国债发行，增强了人民币资产对境外投资者的吸引力；再次，这对于推动人民币在跨境贸易中的结算使用，也起到了相互呼应的作用；最后，国债的收益率作为一个标杆，也为香港人民币离岸市场的建设提供了参考基准，并且为香港人民币离岸市场的发展注入了信心和希望。在一系列措施的推动下香港人民币债券市场规模不断扩大，自 2009 年至 2011 年人民币债券发行规模分别为：160 亿元、357 亿元和 1040 亿元。根据估计，2012 年人民币债券发行规模将达 3000 亿元。

五是推动境外的个人人民币业务发展。在香港个人人民币业务的基础上，2009 年 7 月 31 日，中国银行与菲律宾中央银行签订《人民币现钞买卖、转运协议》，正式在菲律宾推出了人民币现钞业务。至此，境外人民币回流的官方途径不再只有中国香港，人民币境外回流机制得到进一步完善。同时，根据此协议，中国银行可以在菲律宾开办人民币现钞买卖、存取款以及现钞调运业务，并为当地商业银行及非银行金融机构办理人民币账户开立、人民币存取款、人民币买卖等业务。至此，境外的个人人民币业务，由香港地区开始向其他国家和地区拓展。

六是通过国际货币体系合作，推进人民币国际化。其一，2009 年 9 月初，我国政府已同意购买不超过 500 亿美元的国际货币基金组织债券，并使用人民币支付。此举虽然是按照 IMF 的标准流程来执行的，但是也表明了人民币已初步具备了国际货币的部分功能，具有一定的示范效应。如果 IMF 将这些人民币资金通过贷款划拨给成员国，则成员国有可能将人民币使用于国际支付当中，这可望间接地推动人民币在国际范围的使用。其二，在 2009 年 9 月 25 日闭幕的 G20 峰会上，各国达成共识并承诺：将新兴市场和发展中国家在 IMF 的份额提高至少 5% 以上，此后 IMF 进行了份额的改革，其中中国的份额获得最大增幅。这些都将对提高人民币的国际地位起到间接的推动作用。

第三节　香港离岸人民币市场：发展与现状

（一）离岸各类金融市场的发展

尽管早在 2004 年年初，香港银行就开始提供人民币存款服务了，[①] 但截至 2009 年年底，香港人民币存款余额仅为 627 亿元。香港人民币存款市场的飞速发展，与人民币跨境贸易结算紧密相连。截至 2012 年 1 月底，香港人民币存款余额已经飙升至 5760 亿元，与 2009 年年底相比增长了 8.2 倍。根据何东和马骏（2011）披露的香港人民币结算的进出口比重，我们计算得出，在同期香港人民币存款增量中，人民币跨境贸易结算带来的增加比例为 80% 左右。

如图 3 所示，在香港人民币存款余额中，定期存款所占比重不断上

[①] 2004 年 1 月 1 日正式实施的《内地与香港关于建立更紧密经贸关系的安排》（简称 CEPA 协议）规定，香港银行可以为香港居民提供人民币存款服务。

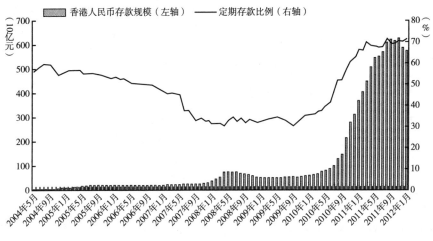

图 3　香港人民币存款市场的发展

数据来源：CEIC，作者的计算。

升，在最近一个周期内由 2009 年 9 月的 30%（最低点）上升至 2012 年 1
月的 71%（最高点）。如图 4 所示，2011 年 8 月之后，香港 3 个月人民币
存款利率仅为 0.52%，尽管显著高于 3 个月港元存款利率（0.01%），但

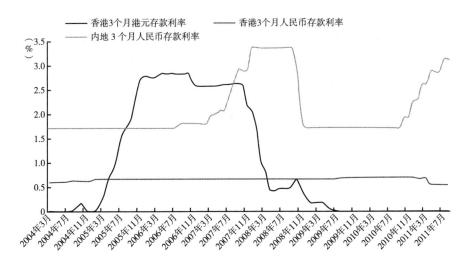

图 4　离岸、在岸港币、人民币存款利率比较

数据来源：CEIC。

明显低于内地 3 个月人民币存款利率（3.10%）。[①] 在定期存款收益率如此之低的背景下，香港银行人民币定期存款规模依然不断上升，这凸显了迄今为止香港人民币金融市场的投资选择依然匮乏的事实。

当前香港在岸市场能够投资的人民币金融产品除银行存款外，还包括人民币债券与人民币房地产信托投资基金（Real Estate Investment Trusts，REITs）。

自国家开发银行于 2007 年 6 月首次在香港发行人民币债券以来，香港人民币债券市场已经取得蓬勃发展，所谓"点心债券"（Dim-sum Bond）的提法已经名不符实。[②] 目前，全球范围内所有的企业、金融机构、国际组织乃至主权政府理论上都可以到香港发行人民币债券。截至 2011 年年底，香港人民币债券新发行额已经达到 1040 亿元。迄今为止，在香港发行的人民币债券的年收益率位于 0.95%~5.25% 的区间内，这为香港居民与企业提供了更加多样化的投资选择。但 1000 多亿元的债券余额与将近 6000 亿元的存款余额相比，依然不能满足旺盛的投资需求。

2011 年 4 月底，以北京东方广场 38 年租金收入为基础资产的汇贤 REITs 在香港发行上市，融资超过 100 亿元人民币，这是首次在香港发行的人民币计价首次公开发行（IPO）。从收益率来看，市场估计汇贤的收益率为 4.26%，尽管远高于香港人民币存款利率，却显著低于以港元计

---

① 香港人民币存款低利率是由离岸人民币清算机制决定的。目前中银香港是香港人民币业务的唯一清算行，其他香港银行只能将多余的人民币头寸存放于中银香港，中银香港再将其转存至中国人民银行深圳分行。人行深圳分行对离岸人民币存款给出的 1 年期利息仅为 0.99%。在扣除一定费用后，中银香港给其他香港银行 1 年期人民币存款开出的利息为 0.865%，这事实上决定了香港 1 年期人民币存款利率的上限。从 2011 年 3 月 31 日起，人行深圳分行给予中银香港的清算利率由 0.99% 下调至 0.72%（与内地商业银行超额存款准备金利率接轨），与之相对应，中银香港给其他香港银行 1 年期存款开出的利息由 0.865% 下调至 0.629%，这导致香港人民币存款利率进一步下调。

② "点心债券"的含义是指该种债券的规模很小，犹如香港人吃早茶时的点心。

价的其他 REITs 约 5.5% 的平均收益率。[①] 人民币计价 REITs 与港元计价 REITs 的收益率之差无疑反映了当时人民币对港元的汇率升值预期。

当前香港居民与企业能够投资的人民币离岸金融产品，主要是通过香港商业银行投资于内地银行间债券市场。2010 年 8 月，中国人民银行发布了《关于境外人民币清算行等三类机构运用人民币投资银行间债券市场试点有关事宜的通知》，允许境外中央银行或货币当局、港澳人民币业务清算行和境外参加行使用依法获得的人民币资金投资内地银行间债券市场。迄今为止，已经有工银亚洲、建银香港、恒生银行、花旗银行香港分行、三菱东京日联银行香港分行等多家机构获准进入内地银行间债券市场。遗憾的是，迄今为止中国人民银行并未披露上述投资的规模，我们估计当前投资规模仅为数百亿元。

2011 年 8 月，国务院副总理李克强访问香港地区，随行公布了中央支持香港发展的六大措施，其中包括建设香港离岸人民币中心的几项重要政策：第一，中国政府即将把人民币跨境贸易结算范围进一步扩展至全国；第二，支持香港企业用人民币到内地进行直接投资；第三，允许人民币境外合格机构投资者（即 RQFII）投资于内地证券市场，起步金额为200 亿元；第四，将扩大境内机构与企业在香港发行人民币债券的数量与规模；[②] 第五，中央政府将把在香港发行人民币债券作为一种长期制度安排，逐渐扩大发债规模；[③] 第六，中国政府将在内地推出基于香港股票市场的 ETF 基金。在此前后，内地货币当局也出台了一系列相关的措施来推动人民币 FDI、人民币 ODI，以及人民币 QFII，由于这些内容在

[①] 《香港首例人民币 IPO 为何不火　定价可能过高》，载新浪财经，2011 年 4 月 25 日，http://finance.sina.com.cn/stock/hkstock/ggIPO/20110425/06359744450.shtml。

[②] 中国人民银行行长周小川在 2011 年 8 月 17 日召开的"国家十二五规划与两地经贸金融合作发展论坛"上表示，内地赴港发行人民币债券主体将进一步扩大至境内企业，境内企业发债规模将提高至 500 亿元。

[③] 2011 年 8 月，中国财政部在香港发行了第三批人民币国债，规模高达 200 亿元。

第二部分"人民币跨境业务试点的进展"已有详述，因此这里不再涉及。

（二）离岸市场的企业、个人如何管理人民币资产的汇率风险

1. 香港人民币资产存量规模的发展

2009 年 7 月之前，人民币在香港流通的规模很小，主要来自旅游的兑换留存。2009 年 7 月之前，香港银行一般不能持有人民币头寸，也无法从内地银行获得人民币。2003 年年底，中银香港成为香港人民币业务的清算行，中银香港与香港人民币业务"参加行"进行人民币清算，而中银香港与中国外汇交易中心平盘。2009 年 6 月底，人民币在香港存款规模为 543.8 亿元，绝大部分是来自私人储蓄户。

2009 年 7 月至 2010 年 6 月是香港人民币存款稳定增长期，企业存款增长明显但仍是少数。2009 年 7 月，人民银行等六部委共同制定的《跨境贸易人民币结算时点管理办法》正式发布，上海、广州、深圳、珠海、东莞等五地 365 家企业开展跨境贸易阶段人民币结算试点。香港人民币存款在 2010 年 6 月底达到了 897 亿元，同比增长 65%。但是，整体仍然是以居民的存款为主，企业存款占比约 5%。

2010 年 7 月以来是香港人民币存款爆炸性增长阶段，以企业存款增长为主。2010 年 6 月，内地跨境贸易人民币结算试点城市和企业分别增加至 20 个和 67359 家。2010 年 7 月 19 日，中国人民银行与香港金管局签署新的《人民币业务合作备忘录》及修订《香港银行人民币业务清算协议》，允许香港银行为金融机构开设人民币账户和提供各类服务，允许个人和企业设立人民币账户通过银行自由进行人民币资金转账和支付。随后，随着跨境贸易结算的剧增，香港人民币存款也出现爆炸性增长，截至 2011 年 1 月底，香港人民币存款高达 3706 亿元，是 2010 年 6 月底规模的 413%。

更值得注意的是，2010 年 7 月以来，香港人民币存款增长的主要来源是企业。香港人民币企业账户从 2009 年 7 月的 7200 个，暴增至 2010 年 12 月的 13 万个，存款规模从 5 亿多元剧增至 1820 亿元，占比从 1% 急剧上升至 58%。企业账户人民币存款，在 2011 年仍然保持相对高速的增长态势，并且占比提高到了 60% 以上。

根据香港金融管理局 2012 年 3 月公布的数据，香港人民币存款截至 2012 年 1 月底已达到 5760 亿元，虽然环比连续两个月有所下降，但仍比 2011 年同期增长 55%。加上未到期的人民币债券约上千亿元的规模，如果根据香港机构的估计认为没有被监管的人民币头寸最多是 100 亿元，还有其他少量人民币其他头寸，则香港境外涉及的人民币资产规模大约为 7000 亿元。

在人民币存款和其他各种人民币相关资产爆炸增长的形势下，香港金融机构、企业和个人的资产负债币种和资产结构快速调整，也是关系到香港金融体系稳定性和离岸金融市场发展的重要问题。

2. 香港银行机构对人民币头寸的管理

由于香港企业的人民币存款主要作为存款存在于香港银行机构的资产负债表上，为此，香港银行机构的人民币头寸管理显得尤为重要。这也是我们研究的一个重要内容，也是香港金融管理部门重点监管的一个方面。

涉及人民币业务的香港银行主要分为两类：一类是清算行，另一类是参加行。清算行在香港只有一家，即中银香港；人民币业务的参加行就是涉及人民币业务的其他银行。

（1）清算行的头寸管理

作为香港地区唯一一家人民币清算行，中银香港人民币清算行的主要职责是为参与提供人民币业务的银行（参加行）开立人民币结算账户，在中国人民银行深圳市中心支行开立结算账户，以集中处理清算行和参加行的人民币款项收集与发放人民币银行票据，提供人民币汇款和在香港发行的人民币信用卡的清算服务，依据参加行的人民币持有量计算人民币和港元之间的汇率。中银香港承担香港离岸市场的人民币清算任务，通过清算渠道获得的人民币头寸都会与中国人民银行深圳市中心支行进行结算，因此就不存在人民币头寸管理问题。

（2）参加行的头寸管理

不过，中银香港除了清算业务之外，还提供与参加行完全一致的人民币业务。为此，统一以参加行进行人民币头寸管理的分析。

香港银行处理人民币业务主要分为两类，对应不同的风险管理模式。一类是策略盘，主要是以自有资金进行人民币业务，主要是基于盈利的投资等业务；另一类是纯商业银行业务，主要是人民币存款、汇款、兑换、银行卡以及代客理财等业务，就是传统的中介服务。

人民币头寸和汇率管理对于策略盘是有重要意义的，但对于纯商业银行业务渠道下的人民币头寸不存在头寸管理和汇率风险问题。在试点政策的初期，对于纯商业银行业务而言，香港银行的风险管理非常简单。一是将其客户的头寸进行对冲；二是将对冲后的头寸与清算行（中银香港或内地代理清算行）进行平盘，最后其净头寸为零。为此，不存在严格意义上的人民币头寸管理和汇率的风险。但随着香港市场人民存款规模迅速上升，以及存在有利可图的套利空间，策略盘规模不断放大。这方面的详细操作分析，我们将放到后文进行专门分析。

（3）策略盘的头寸和汇率风险管理

对于策略盘，香港金融监管当局具有明确的风险管理指引，制定了相应的头寸管理规范。2011 年 1 月 1 日开始实施的《人民币跨境贸易结算及未平仓净额》指引规定，对于所有认可机构（不仅是参加行）的人民币为平仓净额（不论是长仓净额还是短仓净额）都不得超过其人民币资产或负债（以较高者为准）的 10%。为此，香港银行策略盘的头寸最多就是其资产或负债（较高者）的 10%。对于策略盘的人民币头寸，香港银行机构自身也强调风险管理。一是尽量控制风险敞口，主要是根据金管局的规定，不能超过其人民币资产或负债（以较高者为准）的 10%；二是采取动态管理，如有需要及时与清算行平盘；三是进行一定的风险对冲，这方面主要是利用香港金融市场的对冲工具。

之后，在 2011 年 7 月 29 日和 2012 年 1 月 17 日，香港金管局两次放松人民币净敞口头寸的限制，最终将该约束由 10% 放宽至 20%；并且，在计算净敞口头寸时，还允许银行剔除以香港人民币债券、内地银行间市场的人民币债券等资产。因此，使得上述约束大为放宽，在很大程度上促进了策略盘规模的扩大。

从操作上来看，香港银行人民币的策略盘主要是通过香港人民币可交割远期市场（CNH 的 DF 市场）进行。此前，人民币无本金交割远期（NDF）也是一个对冲工具，但是 NDF 主要做市商是外资银行，客户主要是对冲基金，为此，用 NDF 进行对冲的头寸不大。2010 年 8 月，CNH 市场及其 DF 市场发展起来之后，增速很快，并且最终在 2011 年 8 月前后超过了 NDF 的市场规模（如图 5 所示）。由于 CNH 市场是一个银行间市场，也是以中资银行为主的市场，要受到金管局的监管。DF 市场是香港银行策略盘的主要对冲场所，随着 CNH 市场的发展，其定价权和影响力将进一步提升。

3. 香港企业和居民如何管理人民币头寸和汇率风险

人民币在香港等地区的流通规模不断扩大，企业和居民持有的人民币或人民币资产的数量也快速上涨，为此，企业和居民管理人民币头寸，进行积极的汇率风险规避，具有重要的意义。

（1）企业和个人的人民币头寸管理

2005 年以来，人民币一直处于对美元单边升值的过程，因为香港采取的是货币局制度，港币与美元挂钩。为此，人民币对港币也是处在持续的升值过程中。甚至到 2011 年，人民币仍然存在较为明确的升

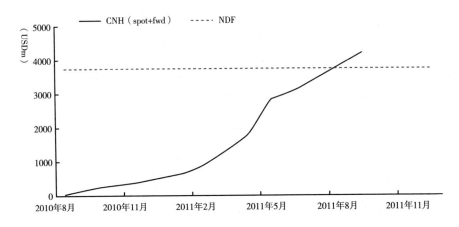

图 5　CNH 市场规模在 2011 年 8 月前后超过了 NDF 市场

值预期，香港企业和居民持有人民币存款或其他资产，基本没有也不需要进行对冲，而是持有人民币长头寸以期获得人民币持续升值的收益。简而言之，香港企业和个人对人民币头寸的管理原则极为简单：持有。

对于香港企业，由于长期以来人民币处于单边升值趋势，持有人民币及人民币资产也基本没有明显的汇率风险。一方面，香港市场的美元比内地便宜 40 ~ 50 个基点，相对于内地企业，香港企业有更大的空间承受美元升值带来的汇率风险，虽然 2011 年 4 月以来利差略微降低至 10 ~ 20 个基点，但大部分时间仍然是有折价。另一方面，人民币具有升值预期，企业中期持有人民币头寸几乎是没有风险的。香港企业可能会因为人民币兑美元的汇率波动遭遇短期的汇率风险，但是人民币短期贬值的幅度极为有限，为此，汇率风险造成的损失极小，甚至可以忽略不计。所以，企业的人民币头寸管理策略也和居民相似，主要是持有。

但是从 2011 年 9 月之后，人民币升值预期在一段时期内发生了反转。此时企业和个人的人民币头寸管理方向也随之发生了逆转，其持有人民币的热情下降。由于其中影响机制相对较为复杂，为此我们将具体的分析放到后文中。

（2）境外人民币资产的投资与收益

如果留在离岸市场，存款是境外人民币的主要投资渠道。香港人民币资产绝大部分（超过80%）是以存款的方式存在香港的银行，香港银行又将其存到中银香港。根据香港金融管理局的数据，截至2008年年底与2009年年底，香港人民币存款规模分别为561亿元与627亿元；而到2010年年底，香港人民币存款总额飙升至3149亿元，同比增长4.0倍。截至2011年12月底，香港人民币存款规模进一步上升至5885亿元，同比增长87%。人民币定期存款占香港人民币存款总额的比重，由2009年9月的30%上升至2011年年底的70%。

尽管香港人民币存款规模增长极为迅速，但实际上持有人民币存款的回报率是相当低的。根据香港金管局的数据，目前香港银行提供的人民币短期存款利率约在0.45%～0.80%，远低于目前中国内地3.0%的一年期存款基准利率。而香港人民币存款低利率，在很大程度上是由现行的离岸人民币清算机制决定的。

在香港的人民币离岸市场中，主要投资方式是存款，除了企业和居民持有部分人民币现钞之外，还有小部分人民币头寸投资于债券市场等其他金融工具，其中最大规模的是债券。自2007年6月国家开发银行在香港发行人民币债券起，截至2011年2月底，香港市场已经新发行了58只人民币债券，累计发行额为776亿元人民币。香港人民币债券的发行主体，已经由中国内地政策性银行和商业银行为主，逐渐扩展至香港银行内地子公司、中国财政部、香港本地公司、跨国公司、外国金融机构与国际金融组织等。目前，理论上而言，全球所有企业与机构均能到香港发行人民币债券。根据我们的统计，目前在香港发行的人民币债券的年收益率位于0.95%～5.25%的区间内，这为投资者提供了收益率更高，以及更为多样化的投资选择。

香港人民币投资的另外一个收益来自人民币升值。香港人民币债券的利率比存款利率要明显增高，但是相对于内地的发债利率水平仍然相对较低，这主要是发债主体考虑到了人民币升值趋势的额外收益。升值收益也是香港企业和居民持有人民币资产的一个资本利得，不过这个收益存在一定的不确定性，主要受制于内地的汇率政策和市场的汇率弹性。但是，整体来说，人民币升值的收益是正的，能给香港企业和居民带来额外的投资收益。

（三）香港人民币离岸市场的交易逻辑

1. 主要参与者与交易模式：2010 年 8 月~2011 年 8 月

人民币离岸市场主要参与者包括以下几类：①内地和香港进出口贸易企业；②从事人民币业务的境外金融机构；③对冲基金；④一般投资者，比如香港居民或可以在香港开立人民币户头的长期居留香港人员。这里分析 2010 年 8 月~2011 年 8 月人民币单边升值预期背景下的市场交易逻辑；2011 年 9 月以后，人民币升值预期逆转之后的情况将放到下一个部分讨论。由于一般投资者的交易并不活跃，其影响较小，因此不再单独分析。

（1）内地和香港的进出口贸易企业使用人民币结算的主要出发点是谋取 CNH 与 CNY 市场上的人民币汇率价差。自 CNH 市场建立以来，大部分时间里香港人民币较内地人民币更贵，进口商使用人民币贸易结算可以获取两个市场的汇价差。例如，CNY 市场人民币/美元价格为 6.5，CNH 市场人民币/美元价格为 6.4，进口企业在 CNH 市场购入美元支付货款可以减少成本。Garber（2011）认为，这种汇价差实际上是货币当局对相应贸易商的补贴，正是这一汇价差的存在，支持了贸易商选择在香港，而不是内地进行人民币的结算。虽然贸易商的人民币结算具备真实贸易背景，但 Garber 认为由于这种交易的初衷是为找寻汇价差，因此其实质是为满足投机性需求而进行的人民币结算交易。

通过观察 CNH-CNY 的汇价差与人民币跨境贸易结算的支付①和收款②比例之间的联动关系，为上述判断找到了进一步的证据。当 CNH-CNY 的汇价差越大的时候，外贸企业使用人民币替代美元进行进口贸易结算的收益越大，使用人民币进行出口贸易结算会有损失，人民币跨境贸易结算的支付和收款比例应该越大。如图 6 所示，以贸易结算为主体的人民币跨境付、收比率与 CNH-CNY 的汇价差体现出了高度的负相关，同期相关系数高达 − 0.87。这表明人民币跨境结算的行为很大程度上是基于套取 CNH-CNY 汇价差的动机。

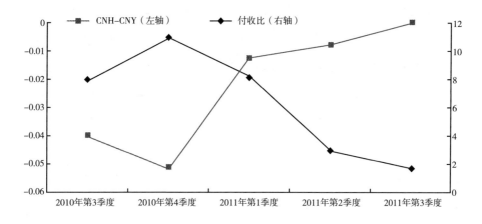

图 6　人民币跨境付、收比率与 CNH、CNY 价差：呈现高度负相关

注：CNH 和 CNY 原始数据来自 Bloomberg，CNH-CHY 等于 − 0.06 代表 CNH 市场美元的人民币价格比 CNY 市场的人民币价格低 0.06 元人民币；付、收比率根据人民银行各季度《货币政策报告》整理得到。这里的付、收比率绝大部分是发生在贸易项下的，也包括经常项下的其他内容以及人民币 FDI 等内容。

（2）从事离岸人民币业务的金融机构以银行为主体，人民币业务的主要出发点是获取人民币即期和远期汇差，以及人民币和美元利差。人民

———————————

①　主要对应进口付款。

②　主要对应出口收款。

币升值预期背景下，离岸市场上从事人民币业务的金融机构的具体操作模式是借入美元并买入现货人民币，远期市场上卖出人民币并买入美元。例如，金融机构在现货市场借入 1 亿美元，1 年期利率 0.8%，并以 1∶6.4 的价格在 CNH 市场兑换成人民币①；同时购买 1 年期远期美元 1.008 亿，以 1∶6.3 价格卖出 1 年期远期人民币。这笔交易给金融机构带来的利润是（1 年期人民币远期与即期汇率价格差 + 1 年期人民币利息收入 – 1 年期美元借款利息成本），上面例子中获利（0.1 亿元人民币/1562500 美元 + 0.064 亿元人民币/1000000 美元 – 0.0512 亿元人民币/800000 美元 = 0.1128 亿元人民币/1762500 美元）。

金融机构的盈利来自两个方面：一是即期与远期人民币汇价差，二是人民币利率与美元利率的利差。如果众多金融机构都进行类似交易，势必会拉高即期离岸市场的人民币价格，压低远期人民币价格，套利空间消失。而在 CNH 市场上，上述交易在很长时间里能够持续盈利，其关键在于：由于人民币贸易结算存在，内地人民币可以源源不断地进入香港，离岸金融机构买入人民币并不会显著拉高即期人民币价格；尽管金融机构卖出远期人民币会压低远期人民币价格，但如果这个价格折算出来的人民币升值幅度低于市场普遍预期未来的人民币汇率水平，还是会吸引大量投资者购买远期人民币。可见，以下三方面因素的共同存在才能使得离岸金融机构的上述套利行为得以持续：其一，人民币贸易结算为香港大量输入人民币；其二，CNH 市场发展可以让金融机构买到人民币；其三，内地市场大量的外汇市场干预，使得市场持续保持单边的人民币升值预期，金融机构能够以高于即期汇率的价格卖出远期人民币。三者缺一不可。

---

① 金融机构能够将借入的美元兑换为人民币，有赖于 CNH 市场的存在，这正是 2010 年 8 月以来才具备的条件。

（3）对冲基金利用高杠杆，投机未来的人民币升值。对冲基金是人民币远期非交割市场（Non Deliverable Future，简称 NDF 市场）的主要参与者，他们可以利用 10 倍甚至更高的杠杆，买入/卖出远期人民币（Kevin Fung, 2011）。对冲基金面临的远期人民币价格（人民币 NDF 远期价格）可以折算出未来的人民币升值幅度，但这个价格已不能很好地代表市场普遍的人民币升值预期。2008 年以来，从 NDF 市场价格折算出人民币远期升值幅度远低于市场普遍预期的人民币升值幅度。比如市场普遍预期人民币 1 年升值 5%，而 NDF 折算的人民币 1 年升值 2.5%（如图 7 所示）。为什么会这样呢？

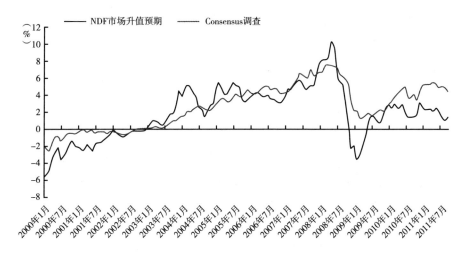

图 7　NDF 价格折算的一年期人民币升值幅度与市场普遍
预期的一年期人民币升值预期

　　数据说明：NDF 市场升值预期的估算，即期汇率减去一年期人民币 NDF 汇率，除以即期汇率。Consensus 升值预期调查，即期汇率减去市场普遍预期的一年期人民币远期汇率（Consensus Forecast），除以即期汇率。

　　数据来源：Bloomberg，Consensus Economics，转引自 McCauley（2011）。

原因在于我们前面提到的，金融机构在大量卖出远期人民币，即便卖出的远期人民币价格很低，金融机构还是可以获取利差与汇差的双重收益。而较低的远期人民币交割吸引了对冲基金，如果市场共识性预期的人民币升值幅度远大于 NDF 价格折算的人民币升值幅度，对于对冲基金而言是大好的牟利机会，再加上杠杆的作用，对冲基金获利不菲。以 3 个月的人民币 NDF 市场为例，根据到期日实际的 CNY 人民币即期汇率进行交割，我们发现：对冲基金在人民币 NDF 市场能够获利，而且获利空间在 2010 年下半年以来还有所上升。如图 8 所示：①在大部分时间里，买入远期人民币可以获利，从 2005 年 6 月以来，其每次无杠杆交易的收益率期望值为 0.2271%，考虑到 10 倍的杠杆率，以及 3 个月的交易折成年率，则年收益率可达 9.084%；②此外，从图 8 的趋势线来看，买入远期人民币的获利空间有两个转折点，第一个转折点发生在 2005 年 7 月汇改之后，由亏损转为盈利；第二个转折点发生在 2010 年下半年，尤其是 CNH 市场建立以来，盈利空间有大幅上升①。

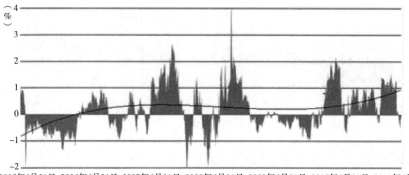

图 8　对冲基金在人民币 NDF 市场能够获利，而且获利空间又有上升

数据说明：使用①人民币 NDF 3 个月远期报价，与对应的②3 个月后相应的 CNY 即期汇率报价，进行计算。得出人民币 NDF 远期买方，即对冲基金的获利百分比。需要注意到，这一交易获利情况是无杠杆的情况，而且尚未计算利息成本。另外，图中曲线是该收益率曲线的三次多项式趋势线，因此内含两个拐点。

---

① 当然，考虑到美元存款利息成本之后，上述结果需要调整。但是，由于在此过程中，美元利息处于长期下行，然后趋于稳定。因此上述结论不但不会受到影响，甚至还将得到强化。

表1　香港人民币离岸市场的主要参与者及其盈利来源

主要参与者	盈利来源	
内地和香港的贸易企业	CNH 和 CNY 的汇价差	
以银行为主体的金融机构	CNH 即期汇价与 NDF 远期汇价差	人民币与美元的利差
对冲基金	人民币 NDF 升值预期低于人民币实际升值预期的幅度 *	

注：* 对照图1可以发现，自2009年下半年，尤其是2010年8月以来，对冲基金的这种盈利模式在主观预期上开始可以获利。

　　总的来看，香港离岸人民币市场上，外贸企业、金融机构和对冲基金形成了一个复杂的、相互依存的交易链条，各自分食一部分利润。如表1所示，外贸企业通过进口贸易结算为香港输入人民币，获取 CNH 与 CNY 价差。CNH 与 CNY 价差有赖于金融机构在套利交易中产生的人民币需求。金融机构在（借入美元）买入即期人民币，同时以较即期人民币汇率升值的价格卖出远期人民币（买入美元换款），获取即期与远期人民币价差，以及人民币与美元利差。金融机构能够不断以较即期人民币汇率升值的价格卖出远期人民币，有赖于对冲基金的购入。而对冲基金买入的远期人民币价格，应与按照市场普遍预期人民币升值幅度折算的远期人民币价格有价差，从而牟利。金融机构与对冲基金分食了人民币升值预期的收益，其中金融机构得到的是人民币即期与远期价差的汇差，对冲基金得到的是远期汇率与人民币预期升值幅度之间的预期收益，对冲基金承担了一定风险，但因为其杠杆操作，预期收益率也很高。

　　按照利率平价公式，如果人民币利率高于美元利率，远期人民币应该贬值才能让市场套利空间消失。现实的情况是尽管金融机构的套利交易放大会促使远期人民币贬值，但内地外汇市场供求基本面和内地货币当局对于外汇市场的干预操作对远期人民币汇率的影响更大，市场相信人民币远期升值而不是贬值，购入远期人民币的热情不减而且有望牟利。内地货币当局的外汇市场干预与由此带来的人民币单边升值预期是上述一整套套利交易得以维系的基础。

2. 主要参与者与牟利模式：2011 年 9 月至今

世事如棋。2011 年 9 月以后，受国际金融市场动荡影响，离岸人民币价格发生逆转，离岸人民币较内地人民币价格更为便宜。从前面的分析中我们看到，离岸即期与远期人民币价格是外贸企业、金融机构和对冲基金共同交易的结果。而 2011 年 9 月以后，离岸人民币即期与远期价格的分析也应在这个框架之内，区别之处在于套利套汇条件发生了变化。

为节省篇幅，我们以简洁的方式描述 2011 年 9 月以后离岸市场的变化。

人民币升值预期下降→对冲基金远期人民币净需求下降→金融机构以远期贬值的价格卖出远期人民币（汇差不再得利，反而构成损失），同时美元贷款利息提高（利差收益也在收窄）→金融机构减少即期人民币净头寸，对即期人民币需求下降→CNH 市场人民币贬值→进口人民币贸易结算下降，出口人民币贸易结算上升，香港人民币流出。

人民币升值预期逆转是所有变化的逻辑起点。对人民币升值预期逆转主要有以下几个方面的解释。①随着欧债危机不断升级、国际金融市场风险规避情绪提高和融资成本上升的影响，大量国际金融机构和跨国企业减少在新兴市场经济体的资产头寸，增持美元资产头寸，资金回流母国。主要亚洲经济体货币（日元除外）需求都在下降。2011 年 9 月至 2011 年 11 月，除日元之外的主要亚洲货币对美元都在贬值。人民币汇率也受到这种情绪的影响。②欧债危机带来外需不振，国内房地产投资调控导致内需不振，市场预期内地货币当局可能会因此停止人民币升值（2008 年危机期间有此先例）。③海外投资者对中国地方债、银行坏账等问题的担心。尽管近距离观察中国经济的研究人士认为这些问题不足以导致中国经济硬着陆，也不会导致金融体系崩溃，但是很多海外投资者容易受到这些盲目悲观消息的影响，对未来人民币汇率信心发生动摇。

第四节 在岸外汇市场的发展与交易逻辑

（一）主要参与者与交易模式：2010 年 8 月之前

根据中国外汇交易中心公布的《银行间即期外汇市场会员名单》，在岸即期外汇市场上的直接参与者可以分为以下四类：①中国人民银行；②国内金融机构，包括商业银行和政策性金融机构等，一共 170 多家机构，占即期外汇市场会员名单的约 62%；③大型国有企业和境外金融机构在我国的分支，其中大型国有企业包括中远、中粮、中石油、中石化等 10 家企业，占即期外汇市场会员总数的 4%，境外金融机构在我国的分支包括花旗银行、摩根大通银行、汇丰银行、渣打银行、三菱东京日联银行、瑞穗银行、三进住友银行、法国兴业银行、法国巴黎银行、德意志银行、英国巴克莱银行等将近 100 家机构，占即期外汇市场会员总数的 34%。上述机构是直接参与做市的外汇市场会员。外贸企业的外汇买卖主要依靠银行代理客户结售汇业务实现。从银行代客结售汇发生的数据分布来看，经常项目占到 90% 左右的交易量，因此银行代客结售汇的服务对象以外贸企业为主。对这些在岸外汇市场的主要参与者的交易行为分析如下。

（1）中国人民银行为了维护目标汇率水平，在外汇市场上净买入外汇，并由此带来中国外汇储备规模节节攀升。2005 年 7 月 21 日，中国人民银行宣布人民币汇率改革方案，确定了以市场供求为基础，参考一篮子货币的有管理的浮动汇率制度。此后，人民币进入了小幅渐进的升值通道，金融危机期间人民币再次与美元保持稳定关系，危机后人民币回归到小幅渐进的升值通道。中国人民银行一直是外汇市场上的净买入方，是外汇市场上人民币汇率的定价者。人民币小幅渐进的升值远不足以让市场供求恢复平衡，中国人民银行只有通过大量单方面购入外汇才能使人民币汇率维持在小幅渐进升值通道上。央行大量的外汇市场干预带来了外汇储备的急剧增长，2005 年 1 月～2010 年 8 月，中国人民银行平均每个月在外汇市场上净购入 295 亿美元外汇，中国的外汇储备规模从 2005 年的 8000 多亿美元增长到 2011 年的 3 万多亿美元。

（2）一般外贸外资企业通过国内金融机构代客结售汇业务，在外汇市场上净卖出外汇。外贸外资企业的出口、进口和直接投资等业务分别通过商业银行的代客结售汇业务形成了外汇市场上的外汇需求和外汇供给。在持续的贸易顺差和直接投资顺差格局下，外贸外资企业的总体外汇需求小于外汇供给，在外汇市场上净卖出外汇。2005 年 1 月～2010 年 8 月，外贸外资企业平均每个月在外汇市场上净卖出外汇 299 亿美元。

外贸外资企业的购汇与售汇不仅取决于进口和出口，也明显受到人民币升值预期的影响。当人民币升值预期抬高的时候，出口企业通过提前结汇，进口企业通过延迟购汇，还有一些企业通过延迟利润汇回母国或者增加外债、外汇贷款等方式扩张美元负债和人民币资产，以此获取人民币升

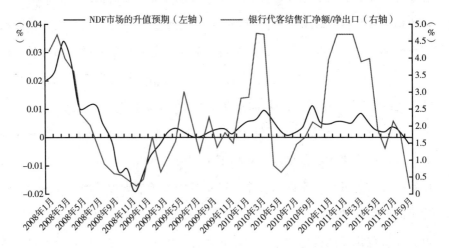

图 9　银行代客结售汇净差额/净出口和人民币汇率升值预期：相关性强

注：剔除了贸易逆差条件下的净结汇月份与结汇额超出净出口比例大于 4.5 倍的异常值数据。

资料来源：中国人民银行、CEIC、Bloomberg。

值收益。张明、徐以升（2008）等国内诸多关于热钱问题的研究一致认同，人民币升值预期背景下，外贸外资企业通过多种渠道增加人民币头寸，减少美元头寸，以此获取人民币升值、国内人民币计价资产价格上涨以及人民币与美元利差等几个方面的收益。在图9中，企业结售汇行为与人民币升值预期之间有显著的正相关关系。2008年以来的月度数据显示，银行客户的结售汇净额与NDF市场上的人民币汇率升值预期同期相关性为0.64。人民币升值预期强的时候，出口企业愿意更多结汇，进口企业延迟购汇（或者用外汇贷款代替购汇），进出口企业的结售汇净额上升。一旦人民币升值预期逆转，出口企业结汇意愿显著下降，进口企业则是加快购汇，结售汇净额下降。

（3）国内金融机构在外汇市场上净买入外汇。除了代客结售汇，国内金融机构还有外汇存贷款、远期外汇交易、外汇自营交易等业务，在外汇市场上买卖外汇。国内金融机构是外汇市场上外汇的净买入方。2005年1月~2010年8月，国内金融机构平均每个月在外汇市场上净买入外汇21亿美元。

国内金融机构的外汇业务主要是客户驱动型，自身没有太大的外汇净综合头寸。在人民币升值预期背景下，很多客户希望从商业银行获取美元贷款，并以此获取人民币对美元升值收益。这意味着商业银行处于即期外汇空头、远期外汇多头的局面。商业银行为了规避风险，采取的对策是在即期市场上卖出远期的多头头寸，这样就增加了即期外汇市场上的净供给，商业银行的即期头寸也呈现出空头局面（尽管从综合头寸来看是基本平衡的）。为了防止上述投机人民币升值的行为，监管机构对于商业银行的外汇业务加强了监管，一方面，对商业银行的外汇存贷比提出了更高的要求，限制外汇贷款；另一方面，对商业银行的即期外汇头寸做出了更严格的要求，而不是像过去那样仅强调对外汇综合头寸的要求。

（4）大型国有企业和境外金融机构在我国的分支机构在外汇市场上

净卖出外汇。大型国有企业和境外金融机构在我国的分支机构的业务范围有很大区别，前者主业是对外贸易和对外投资等实体经济活动，也涉及一些相关的金融交易；后者主要是金融交易。遗憾的是，限于目前公开发布的数据中，二者归为一类，因此这里也只好放在一起。大型国有企业和境外金融机构在我国的分支机构是外汇市场上外汇的净卖出方。2005 年 1 月～2010 年 8 月，大型国有企业和境外金融机构在我国的分支机构平均每个月在外汇市场上净卖出外汇 17 亿美元。

大型国有企业和境外金融机构在我国的分支机构有大量的海外分支机构或者自身就是海外机构的境内分支机构，经营中形成了大量的当期或远期的外汇现金流。我们对这两类机构没有找到合适的调研对象，难以概括其外汇买卖的行为逻辑。但是从外汇市场交易数据来看，这两类机构的外汇交易非常活跃，上下波动幅度很大，具有短期资本流动性质，对短期内的外汇市场波动有举足轻重的影响。

（5）总体来看，外贸外资企业所带来的外汇净供给对中长期的外汇市场供求关系有决定性影响，而大型国企和国外金融机构在我国的分支

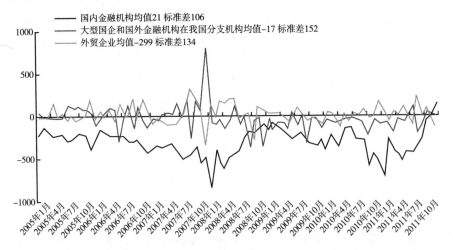

图 10　外汇市场上各类机构的供给和需求情况：2005 年 1 月至 2011 年 12 月

数据来源：根据人民币银行、中国外汇交易中心、CEIC，作者计算得到。

机构、国内金融机构对短期内外汇市场的供求变化具有举足轻重的影响。与数以万计的外贸外资企业相比，大型国企只有 10 家，国内外金融机构加在一起也不过 100 多家，但是后者对短期内的外汇市场供求有更重要的影响。图 10 给出了各类交易主体在外汇市场交易的均值与标准差，大型国企和国外金融机构在我国的分支机构、国内金融机构以及外贸外资企业外汇交易额的离散系数分别是 9.03、5.08 和 0.45，即便从绝对值上看，大型国企和国外金融机构在我国的分支机构的外汇交易额的标准差也超过了外贸外资企业外汇交易额的标准差，而国内金融机构外汇交易额的标准差接近于外贸外资企业外汇交易额的标准差。大型国有企业和境外金融机构在我国分支机构以及国内外金融机构尽管在中长期内的交易净额不大，但是短期内波动剧烈，对短期内的外汇市场波动有举足轻重的影响。

（二）主要参与者与交易模式：2010 年 9 月至今

人民币贸易结算政策的放开和 CNH 市场建立为部分在岸市场交易者提供了新的套利机会，也为短期跨境资本流动打开了方便之门，这会显著影响在岸外汇市场的供给与需求。在 2011 年 9 月之前的人民币单边升值背景下，使用人民币进行进口贸易结算可以获得在岸与离岸两个市场上的汇价差，进口人民币贸易结算快速上升，出口人民币贸易结算的规模较小，出口人民币贸易结算额度占全部人民币贸易结算的平均比重不超过 20%。大量的进口人民币贸易结算减少了在岸市场上的外汇需求，提高在岸外汇净供给。在岸市场上这部分新增加的外汇净供给，对应的是离岸市场上的人民币需求，即境外投资者对人民币的需求。这在事实上是给境外投资者提供了持有人民币资产的机会。正如余永定（2011）指出的，人民币国际化在事实上放松了资本管制。

2011 年 9 月以后的在岸外汇市场供求关系的突然逆转再次证明了人

民币汇率变动预期对于在岸外汇市场的显著影响。2011 年 10 月的外汇市场与 9 月相比出现了以下变化。①外贸企业的外汇净供给大幅萎缩。2011 年 9 月外贸企业净卖出外汇 1658 亿元人民币①，10 月下降到 202 元亿人民币②，与 9 月相比减少了 1456 亿元人民币。②大型国有企业和境外金融机构在我国的分支机构由外汇的净供给方突然转化为净需求方。2011 年 9 月这些机构有 451 亿元人民币的外汇净供给，10 月这些机构突然转变为净需求方，净买入外汇 815 亿元人民币，与 9 月相比外汇需求净增加 1266 亿元人民币。③国内金融机构净买入增加。2011 年 9 月净买入 79 亿元人民币，10 月净买入 645 亿元人民币，与 9 月相比净买入增加 566 亿元人民币。9 月上述三类机构形成外汇净供给 2394 亿元人民币，10 月逆转为 893 亿元人民币。④为了维持目标汇率水平，央行在 9 月还是外汇市场净买入外汇，10 月净卖出外汇，外汇储备也因此出现罕见下降。驱使各类企业和金融机构急剧调整外币头寸的主要原因是 2011 年 9 月以后的离岸市场上的人民币升值预期突然逆转成为人民币贬值预期。不仅所有基于人民币升值的套利交易难以持续，过去套利交易遗留下来的资产负债表上的币种错配问题也凸显出来，企业和金融机构对外汇头寸的大幅调整在所难免。

第五节　人民币贸易结算和离岸人民币市场发展是否加剧短期资本流动

这个部分利用计量模型进一步验证 2010 年 8 月以后的人民币贸易结算政策放开和离岸人民币市场发展对短期资本流动的影响。如前所述，货

---

① 央行外汇占款，系按照历史发生的人民币等值来描述的。因此，这里也采用人民币计值来说明外汇市场其他参与者的需求与供给。

② 同期的贸易顺差 170 亿美元，高于 1～9 月 120 亿美元的平均水平。

币当局长期单边干预外汇市场造成了人民币单边升值预期，引致了在岸市场上基于人民币升值预期的套利交易行为。2010 年 8 月以后，人民币贸易结算政策放开和离岸人民币市场发展为境外投资者提供了人民币升值预期套利的新机遇，离岸市场上形成了由外贸外资企业、离岸金融机构以及对冲基金组成的新的套利交易链条。下面的计量模型，更准确和规范地识别了人民币贸易结算政策放开和离岸人民币市场发展对短期资本流动的定量影响。

（一）数据来源说明和数据特征

短期资本流动的计量模型中，主要使用到了短期资本流动规模、人民币升值预期、人民币与美元利差、刻画人民币贸易结算政策放开和离岸人民币市场发展的虚拟变量、刻画金融危机的变量等几个变量。数据样本期从 2005 年 7 月至 2011 年 10 月。

短期资本流动（ShortC）被定义为货币当局当期外汇资产增加额减去当期贸易余额，再减去当期直接投资余额，这是诸多关于热钱和资本外逃等实证研究中普遍采用的短期资本流动规模定义。根据这个定义，我们把国际收支平衡表中的收益、经常转移、证券投资、其他投资、误差与遗漏等几个项目纳入了短期资本流动规模。上述项目中的一些组成部分，比如收益项目中的工资报酬、经常转移项目中的各级政府转移等并不符合短期资本流动的定义，但局限于公开发布的数据中只能找到季度数据而没有月度数据，这里没有在上述计算短期资本流动规模公式的基础上进一步细化调整。所幸的是，遗漏的调整项规模较小，不影响对短期资本流动走势的基本判断。

人民币升值预期采用人民币 1 年期远期汇率共识预测（Consensus forecast）数据，这个数据来自 Consensus Economics 公司对全球重要金融机构的市场调查。过去研究中，普遍采取 NDF 市场价格折算的人民币远期汇率代表人民币升值预期。但是根据我们前面的分析，NDF 市场价格折算的人民币远期汇率是个交易的结果，会受到人民币贸易结算政策、美元流动性是否紧张等多方面非汇率因素的影响。正如一些市场人士（Mackel 等，2011）所指出的，NDF 市场价格折算的人民币远期汇率已经不能作为未来人民币升值幅度的无偏估计。此外，在计量方程中我们控制了人民币贸易结算、金融危机、中美利差等变量，这些变量与 NDF 市场价格折算的人民币远期汇率会有明显的内生关系。用市场调查的人民币远期汇率共识预测（Consensus forecast）数据代替 NDF 市场价格折算的人民币远期汇率能有效地克服这种内生关系。

人民币与美元利差用人民币银行间市场 1 年期人民币利率减去美元国债 1 年期利率得到。人民币贸易结算政策放开和离岸人民币市场发展用虚拟变量刻画，2005 年 7 月 ~ 2010 年 7 月为 0，2010 年 8 月 ~ 2011 年 10 月为 1。刻画金融危机的变量有两个备选：一是用来度量金融市场风险的 3 个月 Ted 利差，即 3 个月 LBIOR 与 3 个月美国国债的利率；二是分时间段定义，定义 2007 年 5 月 ~ 2009 年 3 月、2010 年 5 ~ 7 月、2011 年 8 ~ 10 月为 1，以反映金融市场危机，其他时间为 0。

我们首先对模型涉及的变量进行了单位根检验，使用了 ADF（Augmented Dickey-Fuller Unit Root Test）和 PP（Phillips-Perron Unit Root Test）两种单位根检验方法。结果发现短期资本流动（ShortC）能够在 5% 的显著性水平上通过不存在单位根的两种检验。人民币 1 年期远期汇率共识预测（RMB_E）、中美利差（ISPREAD）、Ted 利差等变量等其他几个变量均存在单位根，但是经过一阶差分以后都能够在 5% 的显著性水平上通过不存在单位根的检验。

（二）模型估计与结果

这里使用的是月度数据，一般情况下当月的交易主要受当月信息变化的影响，滞后项信息对当期的影响较小，变量之间的动态关系不显著。此外，模型中的被解释变量是短期资本流动，解释变量是人民币升值预期、人民币与美元利差、人民币贸易结算政策放开和离岸人民币市场发展的虚拟变量以及刻画金融危机的变量，解释变量与被解释变量之间是单向因果关系。我们尝试比较了向量自回归、误差修正和最小二乘法等模型，发现善于捕捉变量之间动态关系的向量自回归和误差修正模型与普通最小二乘法相比没有优势。这里最终选取了最小二乘法的估计方法。以下是几个备选模型的估计结果。

表 2 回归模型结果汇总

解释变量 ＼ 被解释变量	短期资本流动规模（ShortC）			
	模型 1	模型 2	模型 3	模型 4
人民币升值预期变化（dRMB_E）	72.1 *	84 **	103 **	107.4 **
中美利差变化（dISPREAD）	41.9		22	
人民币贸易结算与香港离岸市场发展虚拟变量（RTS）	91 *	100 *	109 **	113.5 **
金融危机虚拟变量（Crisis）	-97.5 **	-89.1 *		
Ted 利差变化（dTED）			0.4	0.49
常数项（C）	105 ***	102.8 ***	64.3 ***	65 ***
R^2	0.21	0.19	0.16	0.15
D. W	1.90	1.89	1.87	1.87

注：*、**、*** 分别代表在 10%、5%、1% 显著水平上通过检验。

如前所述，变量含义与对应的变量名称如下：模型的被解释变量是短期资本流动（ShortC），解释变量包括市场共识预期的人民币 1 年期远期汇率变化（dRMB_E）、中美利差变化（dISPREAD）、刻画人民币贸易结算政策放开和离岸人民币市场发展的虚拟变量（RTS）、刻画金融危机的虚拟变量（Crisis）和另一种刻画金融危机的变量 Ted 利差变化（dTED）。市场共识预期的人民币 1 年期远期汇率变化（dRMB_E）与人民币贸易结算与香港离岸市场发展虚拟变量（RTS）在上述四个模型中都通过了显著性检验且符号与预期相符，中美利差未能通过显著性检验，以时间刻画金融危机的虚拟变量（Crisis）通过了显著性检验且符号与预期相符，以 Ted 利差变化刻画金融危机的变量（dTED）未能通过显著性检验且符号与预期不符。

综合比较，模型 1 和模型 2 结果更加理想，这两个模型的主要区别在于前者考虑了中美利差因素的影响，但是相对应的系数不显著；后者不考虑中美利差因素的影响。模型 1 比模型 2 的拟合程度仅是稍有提高，两个模型中人民币 1 年期远期汇率变化（dRMB_E）和人民币贸易结算政策放开和离岸人民币市场发展的虚拟变量（RTS）系数差别不大，而且都显著。结合这两个模型估计的结果可以得到以下几个结论：①人民币升值预期变化依然是主导短期资本流动的关键因素，人民币升值预期变化增加 1 个百分点会导致每个月平均资本流入多增加 70 亿～80 亿美元；②中美利差对于短期资本流入的影响不显著；③人民币贸易结算政策放开和香港人民币离岸市场发展对短期资本流动影响显著，2010 年 8 月人民币离岸市场快速发展以后，短期资本流入将因此每个月多增加 90 亿～100 亿美元。

（三）结论与政策含义

人民币贸易结算政策的开放和香港人民币离岸市场发展为海外投资者持有人民币创造了更加便利的条件。我们对香港人民币离岸市场发展的分析以及实证模型检验，都证实自 2010 年 8 月香港人民币离岸市场发展以来大量人民币流到境外，与此对应的是更多的短期资本外资流入中国。海外投资者持有更多的人民币资产可以看作人民币国际化取得的进步，但是中国是否需要与此相伴的短期资本流入呢？

如果货币当局对内地外汇市场没有持续干预，海外投资者增持人民币也会带来国外资本流入和人民币升值，但流入的规模会因为更高的人民币价格自行削减，而且这个过程当中外汇储备不会增加，不影响货币当局的基础货币投放操作。但目前的情况是货币当局依然对外汇市场保持干预，让人民币处于小幅升值的通道当中。在这样的背景下，海外投资者借助人民币贸易结算政策的放开和香港人民币离岸市场的发展，可以源源不断地增持人民币资产，套利空间一直存在。与此同时，货币当局为了维持既定的汇率走势，不得不持续买入新增的外汇供给，并因此投放更多的基础货币。随着人民币不断实现的小幅升值，货币当局在买入外汇、投放人民币的过程中不断蒙受财务损失，受补贴的是那些套取离岸与在岸市场价差的贸易商，同时获取利差、即期与远期汇率价差的金融机构以及投机人民币升值的投机者。

汇率与资本管制双重管制下，上述人民币国际化进程很大程度上是政策补贴下的人民币升值预期套利结果。货币当局为此付出了大量的财务成本，但由此支撑的人民币国际化进程并不牢靠。正如我们在 2011 年 9 月以后看到的，一旦海外人民币升值预期逆转或者国际金融市场出现严重动荡，大量资本会要求从人民币资产转为美元资产，人民币国际化迅速退潮。

正如余永定（2011）指出的，人民币贸易结算政策放开和香港人民币离岸市场发展可以看作资本项目管制的放松。在一个尚不能反映市场供求基本面的汇率形成机制下，放松资本管制只会招致更大的投机资本冲击，威胁国内宏观经济稳定。拉美、东南亚等历次金融危机都是鲜活的教训，我们须引以为戒。

第六节 CNH、NDF 以及 CNY 的联动关系研究

由于我国仍然实行有限的外汇管制，境外投资者和企业无法完全自由地进入内地外汇市场，离岸市场上以人民币非交割远期（Non-deliverable Forward，NDF）为主的衍生产品应运而生并发展壮大。人民币 NDF 市场

于 1996 年出现，目前人民币 NDF 市场主要集中在中国香港和新加坡。NDF 是非交割本金的远期交易，它与传统远期交易的区别主要在于：在交易合同到期日，它不需交割基于合同发生的全部货币金额，只需交割根据合同规定汇率与合同到期时市场汇率之差而计算出来的金额。这种衍生品交易的对象主要是新兴市场经济体的货币，而交割使用的是完全可兑换的货币，一般为美元。

离岸人民币 NDF 市场自产生以来发展就十分迅速，远远超过了境内远期外汇市场的发展速度。至 2007 年，离岸人民币 NDF 的日均成交额已达到了 30 亿美元，到 2011 年则接近 40 亿美元（根据汇丰银行的估计）。随着离岸人民币 NDF 市场的影响力日益扩大，基于人民币 NDF 的跨境套利行为将对国内债市、外汇存贷款等产生不可忽视的影响。

而从 2010 年 7 月，CNH 市场及其 DF 市场发展起来之后，增速很快，并且最终在 2011 年 8 月前后超过了 NDF 的市场规模。CNH 市场及其 DF 市场是香港银行策略盘的主要对冲场所，随着 CNH 市场规模的迅速发展，其定价权和影响力将进一步提升。

但在 2011 年 9 月前后，在欧债危机的冲击之下，CNH、NDF 相对于在岸 CNY 市场的人民币汇率升值预期发生了反转（如图 11 所示）。本章第 5 部分，从市场交易的逻辑角度对其进行了分析，不过仍有必要从一个更长的期限和更全面的角度来认识冲击下的国内外市场的相互作用变化情况，来检验 CNH、NDF 和 CNY 之间的联动关系，这对于监管层和投资者都有重要意义。对于投资者来说，可以利用三个市场的互动关系来提前判断机会进而规避风险；对于监管层来说，如果境内现汇市场的影响力加强，那么调控境内市场发挥政策效果会明显一些，如果离岸人民币远期市场的影响增强会使得宏观调控独立性减弱，难度加大。

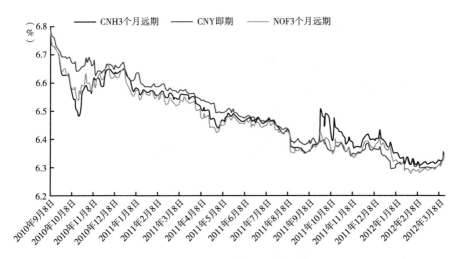

图 11　CNH、NDF 对 CNY 的升值预期在 2011 年 9 月发生了逆转

（一）数据来源与说明

本文研究所使用的数据主要包括以下几个。

（1）2010 年 9 月 8 日至 2012 年 3 月 14 日，在岸市场的人民币即期汇率（CNY）。其交易品种包括 1 个月期、3 个月期、6 个月期、12 个月期。由于太短的品种，期限升水、贴水幅度较小，不便观察；而期限太长的品种，成交量小，成交价易大幅偶然性波动。因此我们选取 3 个月期的 CNY 远期进行分析。

（2）同一时期的人民币非交割远期汇率（NDF），选取 6 个月的远期品种报价。

（3）同一时期的 CNH 市场远期报价，交易品种选取 6 个月的远期。

以上数据均来自彭博（Bloomberg）资讯。同时为了考虑金融危机的影响，将上述区间段划分为两个阶段：第一阶段，国际金融市场流动性处于相对平稳状态（2010 年 9 月 8 日至 2011 年 8 月 4 日），样本数为 219；第二阶段，国际金融市场流动性迅速陷入困难之中，TED 利差持续较高（2011

年 9 月 22 日至 2012 年 1 月 16 日），样本数为 84。为了获得更好的检验效果，剔除了中间的过渡时期（2011 年 8 月 5 日至 2011 年 9 月 21 日）。

（二）描述性统计

从表 3、表 4 中可以看出以下几点：①从均值来看，在第 1 阶段时期内，在岸市场 CNY 即期汇率均值高于 CNH 和 NDF6 个月远期报价，也就是说，离岸市场在此期间具有升值预期。而具有鲜明对比效果的是，在第 2 个阶段，CNY 即期汇率均值要小于 CNH 和 NDF 的 6 个月远期，表明在第二个阶段，离岸市场对人民币汇率具有贬值预期。使用中位数取代均值的分析，上述观察结果仍然不变。②从标准差来看，在第 1 个阶段，CNY 汇率具有更强的波动性；而在第 2 个阶段，CNY 的波动性较小。

表 3　基本统计描述：2010 年 9 月 8 日至 2011 年 8 月 4 日

变　　量	均值	中位数	最大值	最小值	标准差	偏度	峰度
CNY 即期汇率	6.5757	6.5759	6.7942	6.4339	0.0845	0.1407	2.0985
6 个月期 CNH	6.5299	6.5300	6.7800	6.405	0.077	0.7849	3.4915
6 个月期 NDF	6.5018	6.4985	6.7453	6.3745	0.0748	0.7483	3.2957

表 4　基本统计描述：2011 年 9 月 22 日至 2012 年 1 月 16 日

变　　量	均值	中位数	最大值	最小值	标准差	偏度	峰度
CNY 即期汇率	6.3585	6.3607	6.4016	6.2943	0.0262	− 0.5790	2.6894
6 个月期 CNH	6.4066	6.4094	6.5065	6.3468	0.0333	0.6072	3.5279
6 个月期 NDF	6.3698	6.3758	6.4280	6.3030	0.0293	− 0.2922	2.5326

（三）单位根及协整检验

为检验上述时间序列之间是否存在协整关系，先对各个时间序列进行平稳性检验。为了避免可能出现的伪回归现象，本文采用扩展的迪基—富勒（Augmented Dickey-Fuller，ADF）检验，具体结果见表 5 和表 6。一般地，如果一个时间序列经过 n 次差分后成为平稳序列，称此序列为 n 阶单整，记为 $I(n)$。

由表 5 和表 6 所列的检验结果可知：在第 1 个阶段，CNY 即期汇率、6 月期 NDF 和 6 个月期 CNH 的序列均是平稳的。而在第 2 个阶段，CNY 即期汇率、6 月期 NDF 序列，以及 6 个月期 CNH 的序列一阶差分后才平稳。

表 5　ADF 平稳性检验（第一阶段）

	检验形式	T 统计量	对应 P 值
CNY	$(c,t,0)$	-5.084	***
CNH6	$(c,t,0)$	-3.7866	**
NDF6	$(c,t,2)$	-4.248	***

注：*** 表示在 1% 的水平显著，** 表示 5% 的水平显著。下同。

表 6　ADF 平稳性检验（金融危机后）

	检验形式	T 统计量	对应 P 值
CNY	$(c,t,2)$	-2.8034	—
D(CNY)	$(c,0,0)$	-10.5760	***
CNH6	$(c,0,5)$	-2.304982	—
D(CNH6)	$(c,0,4)$	-3.680618	***
NDF6	$(c,0,0)$	-2.6848	—
D(NDF6)	$(c,0,2)$	-7.2113	***

（四）格兰杰（Granger）影响检验

为了检验第 1 个阶段 6 个月期的 NDF 与 CNY 即期汇率之间的互动关系。首先根据赤池信息值（AIC）和施瓦茨（SC）准则，确定 6 月期 NDF 和 CNY 即期汇率之间关系的向量自回归（VAR）检验模型中最优滞后阶数为 2，然后进行 Granger 影响关系检验。类似地，我们再对这对序列在第 2 个阶段的关系也进行检验。结果如表 7、表 8 所示。使用相同方法，检验 6 个月期的 CNH 与 CNY 即期汇率之间的互动关系。结果如表 9、表 10 所示。

表 7　6 个月月期 NDF 对在岸 CNY 即期汇率的 Granger 影响关系检验结果（第 1 个阶段）

零假设	F 值	P 值	结论
CNY 即期汇率不是 NDF6 的 Granger 原因	6.2507	0.0131	拒绝原假设 **
NDF6 不是 CNY 即期汇率的 Granger 原因	0.1147	0.7352	接受原假设

表 8　6 个月月期 NDF 对在岸 CNY 即期汇率的 Granger 影响关系检验结果（第 2 个阶段）

零假设	F 值	P 值	结论
CNY 即期汇率的变化不是 NDF6 变化的 Granger 原因	8.7411	0.0041	拒绝原假设 ***
NDF6 变化不是 CNY 即期汇率变化的 Granger 原因	3.7565	0.0561	拒绝原假设 *

表 9　6 个月月期 CNH 对在岸 CNY 即期汇率的 Granger 影响关系检验结果（第 1 个阶段）

零假设	F 值	P 值	结论
CNY 即期汇率不是 CNH6 的 Granger 原因	3.9558	0.0206	拒绝原假设 **
CNH6 不是 CNY 即期汇率的 Granger 原因	1.0251	0.3606	接受原假设

表 10　6 个月月期 CNH 对在岸 CNY 即期汇率的 Granger 影响关系检验结果（第 2 个阶段）

零假设	F 值	P 值	结论
CNY 即期汇率不是 CNH6 的 Granger 原因	5.0722	0.0271	拒绝原假设 **
CNH6 不是 CNY 即期汇率的 Granger 原因	6.8541	0.0106	拒绝原假设 **

（五）结论分析

表 7 和表 9 说明：在第 1 个阶段，即 2010 年 9 月至 2011 年 8 月的样

本区间，CNY 即期汇率对 NDF 和 CNH 远期汇率均具有格兰杰影响，而反过来，NDF 和 CNH 远期汇率对 CNY 即期汇率的格兰杰影响并不显著。而表 8 和表 10 的结果则表明，在第 2 个阶段，即 2011 年 9 月至 2012 年 1 月的样本区间内，CNY 即期汇率与 NDF 和 CNH 远期汇率，分别具有双向的格兰杰影响关系。由此可见，在第 1 个阶段，在岸市场单向对离岸市场产生影响；而在第 2 个阶段，在岸市场与离岸市场之间的汇率报价形成了相互影响的格局。结合前文分析，这可能是由于三个方面的原因造成的：①离岸市场的交易规模不断扩大，在没有 CNH 市场的时候，NDF 市场规模就已经超过了在岸市场的规模；而在 CNH 市场诞生、发展，甚至超过 NDF 市场之后，离岸市场的交易规模更为庞大；②由于人民币跨境业务的不断发展，试点范围的不断拓宽，两个市场之间的套利渠道越来越多，因此形成了价格的互动局面；③在此背景下，由 2011 年 9 月欧洲金融市场流动性紧张触发的扳机，从离岸金融市场传导到了在岸市场。而与此同时，在央行保持不断干预的背景下，在岸市场通过传统渠道继续影响离岸市场的汇率报价。

由上面的分析可见，离岸市场的定价机制，已经由被动地、单纯地接受在岸市场的影响，转而成长为能够与在岸市场形成互动的市场力量。这尤其值得货币当局注意。不过，由于这一互动机制以国际经济环境的重要变化为背景，因此，这种互动局面是否能够持续还需要进一步的跟踪和观察。从中期来看，一种可能的结果是，随着国际金融市场环境恢复平稳，离岸市场对在岸的影响将有所变弱；而在岸市场对离岸市场的影响则继续占据主导地位。

| 第 | 三 | 章 |

人民币离岸市场与在岸
市场协调发展的政策建议

学术界、政策制定层和业界人士过去三年非常积极地讨论了在岸和离岸金融市场发展问题。讨论的范围非常广泛，涉及金融中介（银行、保险公司）激励机制、金融市场（股票、固定收益类证券、外汇市场等）、金融基础设施（支付结算、信用评级、会计、审计、监管等）等金融系统的各个方面。总体来看，研究的共识有很多，加快在岸金融市场开放是共识，加快人民币汇率形成机制改革被普遍认可。分歧在于人民币汇率形成机制改革、利率市场化改革与资本项目开放可否并行不悖。

第一节　在岸市场与离岸市场发展的政策建议回顾

（一）在岸市场发展的政策建议回顾

屠光绍（2011）提纲挈领地强调了沪港金融合作当中要加快实现"三个匹配"。①市场"匹配"，即加快债券市场发展，扩大债市主体，促进债市统一互联，促进市场化机制，促进在岸市场的对外开放。②机制"匹配"。如人民币汇率形成机制，利率形成机制。否则，如果存在巨大的机制落差，容易形成"套利"格局。③微观"匹配"。健全和完善企业和金融机构等各类主体的激励机制，鼓励这些主体走出去。可以重点考虑对上交所进行股份制改革。

李波（2011）[①]、马骏（2012）、人民银行课题组（2012）强调应加快人民币可兑换与资本项目开放。他们认为，上海国际金融中心建设的主要障碍是资本项目的开放程度太低。加强沪港金融合作，就要扩大在岸金融市场的开放、扩大资本项目的开放，而资本项目开放就要实现人民币的可兑换。如果人民币不可兑换，资本项目不开放，金融市场不开放，上海就成不了国际金融中心，沪港合作也面临瓶颈，从而妨碍上海与香港开展更深层次的、更广意义上的合作。

马骏（2012）提出的政策建议包括以下几个方面。①同步放松对个人和企业换回限制和对人民币汇出的管制。建议考虑将个人"无理由"换汇和汇出限额提高到每人每年 20 万美元，企业限额提高到 200 万美元。②逐步增加境外机构向人民币银行间市场的投资额度，同时提高 QFII 额度。建议 2012 批准境外机构投资于银行间市场 1500 亿元人民币的额度，另外批准 QFII 额度 100 亿美元（630 亿元人民币）。③允许非居民在境内通过发行债券、股票和借款三种方式融入人民币，并同时允许这些资金兑换成外汇。④逐步向非居民开放人民币投资市场，其步伐与离岸市场发展人民币投资工具的速度相吻合。

余永定（2010）、张斌（2011）、何帆（2011）等强调汇率形成机制的市场化改革。他们一致认为，在没有真正意义上的人民币汇率形成机制市场化改革以前，资本项目开放和人民币离岸市场发展只会招致更大规模的投机资本冲击，在岸和离岸市场的稳定和发展都难以持续。他们强调金融开放的次序不可颠倒。

余永定（2012b）认为近期国际资本导致人民币汇率双向波动是加速

---

① "沪港合作与金融业国际化"圆桌讨论，《中国金融四十人论坛月报》第 12 期。

汇率形成机制改革的难得机会。他提出了两种可供选择的方案。①利用当前外汇市场供求趋于平衡的机会，确立一套明确的、贯彻人民币汇率改革目标的人民币汇率浮动规则。具体而言，人民币汇率浮动规则中应该考虑三个中间目标：经常项目余额/GDP占比目标，以此反映促进外部平衡目标；外汇占款目标，以此反映促进内部平衡目标；有效汇率目标，以此反映稳定出口竞争力和进口成本的目标。在有管理的人民币汇率浮动过程中，可以对上述三个中间目标加权形成一个综合指标，并以此为基础形成一套货币当局管理外汇市场的明确规则。②一个更为激进但比较简单的办法是：央行利用某一个适当的时机宣布停止干预外汇市场，让市场供求决定汇率。汇率自由浮动将一劳永逸地拔掉中美关系中的一根刺。

方方（2011）建议从以下四个方面入手打开人民币境外投资与流动渠道。①人民币可以作为政府间及对多边经济组织的贷款或注资。让中国政府推动多边经济组织和外国政府向境外企业进行人民币的投放，境外企业可以直接用人民币来向中国的服务提供商和商品提供商进行支付，这样就实现了人民币境内外的流通。②以人民币为主导建立多边金融机构及区域经济合作组织。一方面可以用美元储备在这些金融机构里面增加话语权，另一方面可以在我们有影响力的地区建立以人民币为主导的多边金融组织。比如，上合组织、湄公河流域、韩国、日本的合作以及亚非合作都是推动人民币成为世界性投资货币的一个方面。③境外并购和直接投资。自2011年1月6日中国人民银行推出境外离岸人民币对外直接投资（ODI）政策后，对外直接投资从上半年的60多亿元增长为目前的150亿元人民币（折合20多亿美元），数量非常小，而且多在中资机构内部循环。我们可以进一步推动中国企业在海外投资时增加对人民币的使用，这正是香港以及上海的金融业未来发展的机会所在。④除了在企业层面的投资和并购（也包括对银行等金融机构的注资和持股），还可以进入项目融资。借鉴日元在其国际化最高峰时的经验，20世纪80年代到90年代中期，日元的项目贷款和项目融资对各国都非常有吸引力的政策。例如，在 90 年代初，中国企业，如建行以及一些信托公司，进入国际资本市场首先发行的都是欧洲日元债券。

陈平（2011）强调了评级机构的重要性。过去中国金融开放都是对接国外的标准、国外的游戏规则。目前中国的主权债务评级比西班牙还低，只有 A + 或者 AA － ，这是匪夷所思的事情。因为企业债券评级不能超过主权评级，所以，我们很少有国企的债券能超过 A + 的，最多是 A，在国际市场上融资很吃亏。现在很多中资机构要到香港发债，应该考虑进一步扶持、壮大国内的评级机构，以后就可以不依赖国际评级机构。如果不改变游戏规则、不占领制高点，我们会处于非常不利的地位。①

林采宜（2011）认为建设上海国际金融中心，开放在岸市场是关键，其中最重要的就是建立资本市场的做空机制。② 资本市场有单边市场和双边市场，全世界成熟的资本市场几乎都是双边市场，但在中国，除了规模非常小的融资融券（融券属于做空）和股指期货，几乎没有双边市场。单边市场没有做空机制，缺少多空双方在估值上进行博弈，这是一种严重的缺陷。从市场的制度建设来说，单边市场是不成熟的市场。

陈东（2011）认为，建设沪港金融中心应充分考虑全球宏观经济形势，在既定战略、目标及方向下，积极调整战术步骤和具体方法。香港正在努力朝"三位一体"（即中资金融机构、中资投资者和人民币资产"三位一体"）的方向发展。上海建设国际金融中心也要做到"三位一体"，增加外国金融机构、外国投资者以及外国资产的数量。③

连平（2011）对开展跨境人民币业务对上海的影响及机遇进行分析后，提出了"以跨境人民币业务促进上海国际金融中心建设"的建议。

---

① "沪港合作与金融业国际化"圆桌讨论，《中国金融四十人论坛月报》第 12 期。
② "沪港合作与金融业国际化"圆桌讨论，《中国金融四十人论坛月报》第 12 期。
③ "沪港合作与金融业国际化"圆桌讨论，《中国金融四十人论坛月报》第 12 期。

具体包括以下几个方面。①鼓励上海的商业银行扩大跨境人民币业务。在跨境人民币业务开展过程中，商业银行是人民币资金和结算服务的提供者，是连接境内外企业、机构等各方的枢纽，跨境人民币业务扩大推进的主要动力也来自银行。②积极推进跨境人民币业务的产品创新。要将传统的贸易结算业务做大，扩大规模效应，调整优化跨境人民币结算的业务结构，试点资本与金融项目下的各项跨境人民币投融资业务，尽快推出基于人民币汇率的金融衍生产品。③完善多层次的人民币回流机制。继续扩大银行间债券市场的对外开放，向境外同业开放银行间同业拆借市场，推出"RQFII"制度。[①] ④加快上海金融市场体系的建设和开放。继续完善上海人民币市场的功能；积极推动人民币汇率形成机制的市场化进程，促使SHIBOR 逐步成为人民币基准利率，使上海成为全球的人民币定价中心；逐步推出基于人民币汇率和利率的衍生产品，以满足境外主体对规避人民币汇率和利率风险的要求；完善以上海为枢纽的全球人民币跨境支付清算网络，为国际市场提供人民币购售、拆借、结算等金融服务，建设上海成为人民币跨境投融资中心，不断增强上海的金融资源配置能力。⑤发展上海与中国香港等境外市场的协同合作。

何帆等（2011）对在岸市场发展提出了比较系统的建议。①尽快实施利率市场化。由于中国国内利率长期以来处于管制水平，且民营企业融资渠道有限，造成中国国内利率水平偏低。利率市场化之后，利率水平的上升不但有利于挤出无效率的投资，存贷款利差的缩小也有利于推动中国商业银行体系的进一步改革。②降低对外汇市场的干预力度，增强市场因素在人民币汇率形成机制中的作用。提高人民币汇率弹性、打破人民币单边升值的预期，这对于出口贸易渠道的人民币结算、人民币贷款的增长都

---

① RQFII，即内地基金或证券公司在香港等境外的子公司，在境外募集人民币资金进行境内投资的业务。

具有重要意义。③发展和做大国内债券市场。目前发展、做大债券市场，对于推动利率市场化改革，对于扩大国内资本市场的深度和广度以及减少境外人民币回流的冲击，对于拓宽政府融资渠道、缓解财政分权的矛盾等具有重要意义。国内债券市场的发展，可以先从中央政府（考虑如何将国债与央票合并）和地方政府债券做起。国内债券市场的多头管理机制也亟待改善。④中国金融业必须在全面对外开放之前，实现全面对内开放。中国金融业只有在全面对外开放之前实现全面对内开放，中国的民营金融企业才有真正发展壮大的机会。中国政府应尽快放开对民间资本进入银行、证券、保险、信托等行业的限制，对国有资本与民间资本一视同仁。

张明（2011）对在岸金融市场开放也提出了系统建议。①进一步完善人民币汇率形成机制，尤其是应该扩大人民币对主要货币的日均汇率波动区间（例如由目前的正负 0.5% 扩大至正负 1% ~3%），通过制造双向波动来打消市场上的单边升值预期。②大力发展金融市场。具体措施包括：尽快推进利率市场化来倒逼商业银行实施金融创新；通过整合政府债与企业债市场、统一债券市场监管主体、实施交易所债券市场与银行间债券市场的互联互通等来促进债券市场发展；大力发展从风险投资（VC）、私募股权投资（PE）、创业板、中小板到主板市场的直接融资体系等。③通过加快国内经济的结构性调整来改变国际收支双顺差格局。具体措施包括：尽快实施国内要素价格（包括资源与环境）的市场化改革、加快推进汇率与利率形成机制改革、取消扭曲性的鼓励出口与引进外资的优惠政策等。④审慎渐进地开放资本账户。中国政府应把握推动人民币国际化与防范短期国际资本大进大出的平衡。资本账户的开放不应以牺牲中国宏观经济与资本市场的稳定健康发展为代价。

廖岷（2011）强调了监管合作的必要性。他建议沪港监管合作可以采取定期沟通、互派人员、合作培训等方式，促进两地监管制度的协调和统一，进而加快推进上海金融监管的现代化，增强防范系统性风险的能力。

（二）离岸市场发展的政策建议回顾

马骏（2012）在分析了美国等货币国际化和离岸金融市场的经验后指出，离岸金融市场的出现有其必然性，货币当局应积极推动和引导离岸金融市场的建设，防止离岸市场对国内货币政策造成不良影响。中国香港作为最主要的人民币离岸市场，应该关注以下两方面。①协调"回流机制"和"体外循环"。除了目前在贸易项目下的人民币回流渠道，资本账户下的回流也可以在可控的条件下逐步放开，如人民币出口支付、扩大三类机构进入银行间市场、人民币 FDI、中资企业在香港融得人民币的回流额度、RQFII 等，争取在中期将离岸人民币"体外循环"的比率提高到50%。②完善人民币市场的流动性、基础设施和市场规则，具体措施包括：简化在贸易结算过程中的真实性单据审核流程；保证离岸市场有充裕的人民币流动性，增强企业使用人民币结算的信心；进一步放宽香港监管当局对香港本地银行人民币净头寸（NOP）的限制；建立离岸人民币市场的利率和汇率的基准；建立债券的回购和期货市场。

香港集思会人民币课题组（2010）对银行及贸易公司和厂商的调查结果显示，跨境贸易人民币结算和人民币规模受以下因素限制：试点范围狭窄[1]；开展跨境贸易人民币结算试点初期配套机制不完备；企业缺乏动力改变现行结算的模式；人民币不能自由流通，企业收取的人民币缺乏出路；香港的企业不愿承担汇率风险；人民币借贷成本较高。鉴于香港人民币市场存在的上述发展瓶颈，他们提出了如下政策建议。①加快跨境贸易

---

[1] 目前，试点范围在境内只包含五个城市（广州、深圳、东莞、珠海和上海）、365 家企业，境外则局限于港澳和东盟地区。

人民币结算试点，逐步把试点范围扩大至全国；逐步取消境外试点的限制；把试点范围扩展至服务贸易；与香港金管局和商业银行协同推动香港建设成为区域性人民币结算中心；在香港发展人民币远期汇率市场；利用中国内地与其他国家和地区签订的货币互换协议，促进人民币同时成为贸易及投资货币。②拓宽人民币投资渠道，允许企业设立人民币账户，自由运用账户内的资金；培育和发展香港人民币债券市场；尽快推出以人民币计价的交易所交易基金；允许直接投资（FDI）及合格境外投资者（QFII）投资以人民币进行；推动各国央行将人民币作为外汇储备的组成部分；进一步推动内地与香港的金融市场合作。③便利个人人民币储蓄及消费。放宽个人兑换人民币、购买人民币债券的限制；放宽在港个人人民币汇款及支付方面的限制，推动人民币流通；推出以人民币计价的人寿保险。

第二节　对在岸与离岸市场协调发展的一揽子建议

近期内，在岸和离岸两个市场协调发展面临的主要挑战来自两个方面：一是在岸市场在交易当中蒙受损失，集中体现为货币当局的损失；二是在岸市场向离岸市场的业务转移。如果没有在岸市场上的配套改革，单方面地推进发展离岸市场会使得离岸市场对在岸市场的冲击更加显著，威胁到在岸市场上金融市场的稳定，在岸市场的业务流失也会更加严重。这种情景下，离岸市场的发展也难以持续。在岸和离岸两个市场协调发展取决于以下几个领域内的改革。

（一）加快改革，形成以市场供求为基础的人民币汇率形成机制

人民币升值预期驱动下的离岸人民币市场发展既不牢固，也不符合推进人民币国际化的初衷。人民币升值预期驱动下的离岸人民币市场发展不

牢固，一旦人民币升值预期逆转，离岸市场发展会严重受挫，这在 2011 年第 4 季度已经有充分的表现。更糟糕的是，人民币升值预期驱动下的离岸人民币市场发展违背了人民币国际化的初衷，具体体现在以下几个方面。首先，人民币跨境贸易结算多数是为了谋取 CNH 与 CNY 两个市场上的人民币价差，人民币并没有作为计价货币被普遍使用，人民币跨境贸易结算没有起到帮助企业规避汇率风险的作用；其次，不仅没有减少外汇储备，反而增加了外汇储备，加大了国内外汇市场的压力，并给货币当局带来了财务损失。以前，货币当局为了减少外汇市场压力，一直在遏制资本流入，尽可能地减少人民币负债。人民币贸易结算政策与香港人民币离岸市场发展加在一起，为投资者持有人民币资产创造了机会，货币当局为此不得不增加人民币负债和外汇储备资产。正如余永定（2011）提出的，近期人民币国际化相关政策的实质是资本项目自由化，非居民可以更便利地持有人民币资产。在人民币单边升值的背景下，这个做法会给货币当局带来财务损失。最后，离岸市场上的金融资源主要瞄准的对象是谋取人民币升值预期和人民币与美元利差下的套利和套汇收益，那些真正将人民币作为交易媒介或是价值贮存工具的人民币业务发展得不到重视。在人民币单边升值预期的背景下，任何以增加人民币负债为基础（比如海外投资者发行人民币债券，或者使用人民币到海外投资）的业务都额外地增加了成本，制约了这些业务的发展。

只有加快汇率形成机制改革，形成以市场供求为基础的人民币汇率双向波动，才能恢复人民币离岸市场的本来面目。没有人民币单边升值预期的背景下，人民币离岸市场上的人民币存款规模增长可能会减速，但是相关人民币业务品种的发展未必减速。金融机构会有更大盈利压力开发新的人民币产品，而不再聚焦于套汇和套利交易带来的超额收益。目前制约离岸市场发展的主要因素之一是资本项目管制，境外人民币回流受到诸多限制。之所以设置资本项目管制，很大程度上也是为了维系目前僵化的人民币汇率形成机制。一旦形成市场化的人民币汇率形成机制，汇率价格波动会自发地抵御短期资本冲击，资本项目开放的余地增加，这对离岸人民币市场的长远发展是基本保障。

加快汇率形成机制改革，形成以市场供求为基础的人民币汇率双向波动也会极大地推动在岸市场的发展。在岸外汇市场发展的主要障碍在于各种管制，比如对金融机构综合外汇头寸的管理，比如内地外汇市场上不连续的人民币即期报价，这些都限制了在岸金融机构的外汇市场业务发展。设置这些限制的初衷，很大程度上是为了维系目前僵化的汇率形成机制。一旦形成以市场供求为基础的人民币汇率双向波动机制，相关的管制就有条件做出调整，外汇市场会面临大量新的发展机会，并与离岸市场之间形成有效互动。

（二）审慎对待资本项目开放，保持离岸市场与在岸市场之间的适度隔离

在汇率形成机制改革、利率市场化改革、国内金融市场基础设施建设等方面没有取得重大突破以前，资本项目超前开放会招致大量的政策套利与监管套利。这些套利行为对国内金融市场和宏观经济稳定是重大威胁，对在岸金融市场的稳定发展也构成了威胁。拉美金融危机、东南亚金融危机等历次金融危机在单方面推进资本项目开放方面都有沉痛教训，中国须引以为鉴。

从外部环境来看，欧债危机尚未结束，全球金融市场依然动荡不安，美欧日等发达经济体的经济增长未来几年内将持续低迷，发达国家央行集体实施的零利率与非常规货币政策造成全球范围内流动性泛滥，包括原油与大宗商品在内的资产价格大幅振荡。正如世界银行与国务院发展研究中心最近发布的《中国2030》报告所指出的，未来五年是中国经济面临的外部环境最为危险的时期。

从内部环境来看，中国经济的趋势增长率正在下降，人口老龄化、经济货币化（M2 与 GDP 比率接近 200%）、产能过剩、资源与环境约束等导致旧的增长模式难以为继，房地产市场成交量下滑可能导致的房地产投资下滑、地方投融资平台坏账风险凸显以及外需萎缩成为中国经济短期增长的三大风险，更重要的是包括利率与汇率在内的各种要素价格依然存在扭曲。中国政府要在保增长、控通胀的同时加快结构调整，绝非易事。

将外部环境与内部环境结合起来，我们不难判断，最近几年内中国可能面临短期国际资本大进大出的风险。一方面，一旦中国经济增长前景转弱、人民币升值预期逆转，或国际金融危机加剧、国际机构投资者重新去杠杆化，则中国可能面临大规模资本流出；另一方面，一旦中国经济完成软着陆、人民币升值预期再度增强、股市进入新的牛市，或国际金融危机减缓、国际机构投资者继续杠杆化，则中国可能面临大规模的资本流入。短期国际资本的大进大出将给中国经济造成显著不利冲击，例如资产价格剧烈变动、增大央行冲销压力或者造成本币贬值预期等。在这一背景下加快资本账户开放，无异于"开门揖盗"或"与虎谋皮"，并非明智之策。

保持在岸与离岸市场之间的适度隔离非常必要。马骏（2012）关于美元、日元以及泰铢等离岸市场与在岸市场之间相互渗透的研究中得到了以下总结：①在本币持续升值时期，必须严格隔离离岸市场与在岸市场的渗透；②离岸与在岸市场之间本币利率有巨大差异时，向境内的回流必须严格管制；③短期外债占外债的比重必须严格控制在安全线以下；④外汇储备很低的情况下，应该严格限制在岸市场向离岸市场的渗透；⑤离岸市场的发展在经常项目顺差或逆差占 GDP 比重很大的时候需要谨慎；⑥境内出现明显资产价格泡沫的阶段，需要严格控制离岸市场对在岸市场的渗透。上述经验总结中，前面三条尤其值得中国重视。

（三）加快在岸金融体系改革

推进利率市场化改革、加快发展债券市场是目前国内金融体系改革的共识，这里不再赘述。这里我们主要讨论上海建设国际金融中心的具体建议。

与离岸金融中心相比，上海核心的比较优势是内地庞大的金融服务需求。进一步加强上海作为在岸金融中心的地位，使得上海能够更好地服务于内地金融服务，是上海建设成为国际金融中心的基础。在当前人民币汇率体制改革还未到位，资本项目全面开放还有较长时间的背景下，上海金融业发展的重点还应该是瞄准内地。一旦这些外部条件成熟，上海依托于其内地金融中心的地位，会很自然地成为国际金融中心。

为了更好地服务于全国内地市场，应该以上海为试点，在金融中介、金融市场、金融基础设施等多个领域全方位地推进改革试点，并将上海的成熟经验向全国推广。金融系统改革的关键任务落脚在以下几个方面。①支持民营金融机构发展。数量众多的、以服务内地市场为导向的民营金融机构是上海最需要培养的对象，这些民营金融机构将会成为上海金融中心与其他金融中心的差异化标志，这是上海建立金融市场比较优势的关键依托。依托于这些民营金融机构的激烈竞争，上海金融服务业的效率才能被充分体现出来，上海才具备真正的比较优势和国际竞争力。②支持新金融发展。所谓新金融是与传统金融相对应而言的，既包括新的金融业态，如私募股权基金、风险投资基金；也包括新型的金融机构，如近年来设立的消费金融公司、汽车金融公司、货币经纪公司等非银行金融机构；还包括传统金融机构提供的新业务，如私人银行、银行的小企业专营机构等。我国的新金融目前还处在发展的初级阶段，金融产品还不够丰富和多元化。中国经济结构转型迫切需要新金融的发展，这给上海提供了机会。这些新金融业务的发展会进一步巩固上海的金融中心地位。③发展多种金融市场。目前上海已经有了黄金交易所、证券交易所、银行间市场、商品期货交易所、金融期货交易所，是全国市场体系最完备的城市。除了表示把已有的金融市场形态做大做强做优，上海还将设立新的金融市场形态，即建立保险交易所、信贷资产转让市场、非上市公众公司股权转让市场以及信托资产的登记转让市场。④加强金融基础设施建设的国际接轨。具体而言，是在支付结算、信用评级、会计、审计、监管等方面要有超前发展，为上海建立成为国际金融中心做准备。

（四）谋求建立全球金融规则，为在岸与离岸市场协调发展奠定有利外部条件

20 世纪 90 年代以后全球短期资本流动盛行，新兴市场经济体快速融入国际生产网络，全球金融和贸易一体化程度又上了一个新的台阶。与此相对应，以 WTO 为代表的全球贸易体系运转良好，但是全球金融体系基本处于无政府状态，迄今为止没有全球金融领域的公共产品和有效的中间管理机构。近 30 年来频繁爆发的金融危机足以说明，单靠一个国家的局部努力远不足以维系自身的金融安全。只有全球范围的统一金融规则，才能维护全球金融市场的稳定运行。

全球金融体系的稳定运行需要全球金融规则提供秩序。正如每个现代国家需要政府提供公共产品，现代国际贸易体系需要 WTO 之类的公共产品一样，联系日益紧密的全球金融体系同样需要公共产品。这些全球金融体系公共产品的作用，在于为每个经济体的金融活动提供外部的强制性纪律和规则，在于消除经济体之间的囚徒博弈困境，这些公共产品无论是在全球范围还是在局部经济体内，都是纠正资源配置失衡和降低金融市场风险的必要制度保障。

全球经济反复目睹了缺乏这些公共产品的悲剧。如果能基于宏观审慎原则对东亚经济体的跨国借贷、货币错配和短期资本流动有所限制，1997

年的东亚金融危机可能不会爆发。如果对储备货币发行国的私人部门债务及其经常项目不断扩大的逆差有外部约束，2008 年的金融危机可能不会爆发。如果能在最终贷款人机制设计方面更加完善，即便爆发危机，危机的破坏程度也会大大减轻。每一次危机都可以归咎为危机经济体自身的内部问题，反映了该经济体内在制度和规则设计上的缺陷。借助于国际通用的外部制度和规则约束，能够弥补经济体内部的制度和规则缺陷。

建立全球金融规则的另一个重要理由是这些外部规则可以让好的政策走出国内政治泥潭。诸多有助于改善资源配置、降低风险的规则难以实施，主要是因为国内纷繁复杂的利益集团阻挠。通过引入国际通用的外部规则，改变了引入这些规则的决策机制和决策人群，有时可能会让错综复杂的国内问题简单化。WTO 在这方面就是很成功的例子。如果是在一个经济体内部一个部门挨着一个部门、一项产品挨着一项产品地去谈削减关税和修改行业规则，复杂的国内政治会拖垮任何一个伟大的政治家，而且成果不会显著。但是借助于 WTO，新规则的建立极大简化，而且更容易被接受。

金融危机以后，全球经济复苏更加迫切地需要建立全球金融规则。2008 年金融危机以后，全球经济复苏并不顺利，欧美主权债务危机接踵而来，一些国家面临二次衰退。究其原因，在于金融危机并没能彻底解决促成危机的经济结构失衡问题。入不敷出的南欧经济得不到市场信任，美国用公共财政赤字掩盖家庭部门赤字的做法也饱受诟病。缓解经济结构失衡和稳定金融市场依然是当前全球经济面临的主要挑战。金融危机之后三年的历程表明，仅仅依靠国内力量并不能很好地应对以上两项挑战，国内的政治纠纷和国家间的囚徒博弈困境只能让解决问题的好政策破产。引入恰当的全球金融规则也许是走出泥潭的出路。

全球金融规则应该包括以下六个方面的内容。全球统一的有管理浮动汇率体制；对经常项目失衡的强制性调节；对系统性重要国家的关键宏观经济指标约束；对短期资本流动的统一监管；最后贷款人和全球金融市场稳定机制；对重要跨国金融机构的监管。这六个方面的内容相互促进，是一个整体，其目的在于纠正资源配置扭曲，降低系统性风险和负面的外溢效应。在这样的全球金融规则下，金融风险大大降低，人民币汇率形成机制改革、资本项目开放将面临更小的外部压力。中国能以更快的步伐加快金融市场开放，在岸与离岸金融市场能够相互助力，协调发展。

参考文献

Genberg, H. Currency Internationalization: Analytical and Policy Issues, www. bis. org/repofficepubl/arpresearch200903. 12. pdf, 2009.

He, D. and Mc Cauley, Offshore Markets for the Domestic Currency: Monetary and Financial Stability Issues, BIS Working Papers, No. 320, 2010.

Haihong Gao and Yongding Yu, Internationalisation of the renminbi, www. bis. org/repofficepubl/arpresearch200903. 05. pdf.

McCauley, R. , The Internationalisation of the Renminbi, in 2nd Annual International Conference on the Chinese Economy Macroeconomic Management in China: Monetary and Financial Stability Issues, Hong Kong, 14 January, 2011.

IMF, Offshore Financial Centers, IMF Background Paper, June 23, 2000.

Sydney J. Key and Henry S. Terrell, International Banking Facilities, International Finance Discussion Papers, No. 333, 1988.

Osugi, K. Japan's Experience of Financial Deregulation Since 984 in an International Perspective, BIS Economic Paper, No. 26, 1990.

Laura Lipscomb, An Overview of Non-Deliverable Foreign Exchange

Forward Markets, Federal Reserve Bank of New York, May, 2005.

Edward J. Frydl, the Eurodollar Conundrum, FRBNY Quarterly Review/Spring, 1982.

Alan M. Taylor, "The Future of International Liquidity and the Role of China", *for the Council on Foreign Relations/ China Development Research Foundation workshop on the Internationalization of the Renminbi*, Oct. 31 – Nov. 1, 2011, Beijing.

Emmanuel Farhi, Pierre-Olivier Gourinchas, and Helene Rey, "Reforming the International Monetary System", *CEPR （Centre for Economic Policy Research）*, 19 September, 2011.

Gao, Haihong and Yu Yongding, "Internationalization of RMB", Forthcoming paper for the BIS-Bank of Korea Seminar on Currency Internationalization, Korea, 2010.

Peter Garber, "What Currently Drives CNH Market Equilibrium?", *for the Council on Foreign Relations/ China Development Research Foundation workshop on the Internationalization of the Renminbi*, Oct. 31 – Nov. 1, 2011, Beijing.

HKMA, "Hong Kong: The premier offshore Renminbi business centre", http: // www. hkma. gov. hk, Sep. , 2011.

Joseph Stiglitz, "The Best Alternative to A New Global Currency", Financial Times, Apr. 2, 2011.

Mackel et al. , "Offshore Renminbi-An Updated Primer", *HSBC Global Research*, Sep. 20, 2011.

Paola, "One Currency Two System: China's Renminbi Strategy", Chatham House, Briefing paper, No. 201001, 2010.

Robert McCauley, "Renminbi Internationalization and China's Financial Development Model", for the Council on Foreign Relations/ China

Development Research Foundation workshop on the Internationalization of the Renminbi, Oct . 31 – Nov. 1, 2011, Beijing.

Takatoshi Ito, "The Internationalization of the RMB: Opportunities and Pitfalls", for the Council on Foreign Relations/China Development Research Foundation workshop on the Internationalization of the Renminbi, Oct. 31 – Nov. 1, 2011, Beijing.

Tetsuji Murase, "Hong Kong Renminbi Offshore Market and Risks to Chinese Economy", Institute for International Monetary Affairs, Newsletter No. 40, 2010.

香港中华总商会:《香港发展离岸人民币金融中心各地经验堪作借镜》, 2010, http://www. cgcc. org. hk/b5/chamber/bulletin/files/Bulletin_1288945958. 44816_ 18 – 25. pdf.

巴曙松、郭云钊、KVB 昆仑国际离岸金融项目组:《离岸金融市场发展研究》, 北京大学出版社, 2008。

刘振芳:《离岸金融市场》, 上海财经大学出版社, 1997。

马骏:《人民币离岸市场和资本项目开放》, 中国金融四十人论坛, 2012 年 3 月 5 日。

人民币国际化课题组:《香港人民币离岸中心建设可行性分析》, 载博源基金会《人民币国际化: 缘起与发展》, 社会科学文献出版社, 2010。

博源基金会编《人民币国际化: 缘起与发展》, 社会科学文献出版社, 2011。

何东、马骏:《评对人民币国际化的几个误解》,《中国经济观察》(博源基金会), 2011 年第 7 期。

何东、麦考利:《本国货币的离岸市场: 货币和金融稳定问题》, 载于博源基金会编《人民币国际化: 缘起与发展》(论文集), 社会科学文献出版社，2011。

黄海洲：《人民币国际化：新的改革开放推进器》，《国际经济评论》2009 年第 4 期。

李稻葵、刘霖林：《双轨制推进人民币国际化》，《中国金融》2008 年第 10 期。

王庆：《人民币国际化具体进程是池子论具体体现》，《财经》2011 年第 6 期。

王信：《如何看人民币国际化过程中的问题与收益》，中国金融 40 人论坛，2011 年 7 月 26 日。

殷剑锋：《人民币国际化："贸易结算＋离岸市场"，还是"资本输出＋跨国企业"？——以日元国际化的教训为例》，《国际经济评论》2011 年第 4 期。

余永定：《从当前的人民币汇率波动看人民币国际化》，《国际经济评论》2012 年第 1 期。

张斌：《香港离岸人民币市场发展的困惑》，RCIF Policy Brief 2011.069。

张斌：《中国对外金融的政策排序——基于国家对外资产负债表的分析》，《国际经济评论》2011 年第 2 期。

张明：《人民币国际化：基于在岸与离岸的两种视角》，中国社会科学院国际金融研究中心，Working Paper，No.2011W09，2011 年 6 月 29 日。

张明、徐以升：《全口径测算中国当前的热钱规模》，《当代亚太》2008 年第 4 期。

周小川：《关于改革国际货币体系的思考》，《中国金融》2009 年第 7 期。

屠光绍：《人民币跨境业务中的沪港"匹配"》，《中国金融四十人论坛月报》2011 年第 12 期。

《人民币的历史机遇与沪港定位》，《中国金融四十人论坛月报》，2011 年第 12 期。

何帆、张斌、张明、徐奇渊、郑联盛：《香港离岸人民币金融市场的现状、前景、问题与风险》，《国际经济评论》2011 年第 3 期。

连平：《以跨境人民币业务为契机加快上海国际金融中心建设》，《中国金融四十人论坛月报》2011 年第 12 期。

《沪港银行合作现状及未来发展》，《中国金融四十人论坛月报》第 12 期。

香港集思会人民币课题组：《促进香港成为人民币离岸中心研究》，《南方金融》2010 年第 4 期。

王信：《发展香港人民币离岸市场，促进上海金融中心建设》，《国际贸易》2010 年第 6 期。

车德宇：《香港人民币离岸市场现状及发展》，《中国金融》2011 年第 23 期。

李雪燕：《探讨人民币在香港的离岸金融业务》，《经济研究参考》2011 年第 20 期。

附 录

人民币离岸市场建设大事记

● 2003 年底，中国人民银行（PBoC）与香港金融管理局（HKMA）同意香港银行可以试办个人人民币业务，中银香港被指定为香港人民币业务交易的清算行。

● 2005 年，中银香港开始为香港参与银行提供人民币平仓服务。

● 2007 年，中国人民银行宣布《境内金融机构赴香港特别行政区发行人民币债券管理暂行办法》，香港人民币离岸债券市场建立。

● 2007 年 6 月，国家开发银行（CDB）首先在香港发行人民币债券。

● 2010 年起，中国境外注册成立的金融机构或公司获准在香港发行人民币债券。前提是将所得款项留在离岸市场，或者流入内地须得到中国监管当局的允许。

● 2008 年，中国人民银行与香港金融管理局签署货币互换协议。

● 2008 年 12 月，广东、珠三角地区与中国香港、中国澳门开展跨境人民币贸易结算试点。

● 2009 年，离岸市场建设加速，包括：

（1）上海、广州、深圳、东莞、珠海与香港、澳门、东盟开展跨境贸易人民币贸易结算；

（2）汇丰银行（中国）与东亚银行（中国）被批准在香港发行人民

币债券；

（3）2009年10月，中国财政部在香港发行60亿元人民币债券。

● 2010年成为香港人民币离岸市场发展的分水岭。

（1）2月，香港金融管理局宣布扩大离岸人民币债券范围，在发行者范围、发行规模与方式、投资者主体等方面有所放松。人民币债券资金在未允许情况下不得回流内地，但是可以用于境外贸易融资、东南亚跨境项目需求。

（2）7月，跨境人民币贸易结算扩展到内地20个省市，境外地域则扩展到所有国家和地区。

（3）7月，中国人民银行与中银香港签署协议放宽香港人民币银行间市场限制。企业在香港银行开设人民币账户不存在任何限制，个人和企业相互之间也可以通过银行进行人民币资金的支付和转账，非银行金融机构也被允许在不同香港银行开设人民币账户。

（4）首次推出香港人民币定期存单和香港人民币企业债券。

（5）亚洲开发银行（ADB）成为首家在港发行人民币债券的超主权组织，其所发行债券是香港第一只10年期人民币债券，也是首只在香港交易所上市的人民币债券。

（6）8月，中国人民银行开展允许境外中央银行或货币当局、港澳地区人民币业务清算行、跨境贸易人民币结算境外参加银行等三类境外机构运用人民币投资银行间债券市场的试点。

● 2011年，在跨境渠道、监管措施等方面继续支持人民币离岸市场向广度和深度发展。

（1）1月，温州首先开展人民币个人境外直接投资试点。

（2）3月，为解决清算银行的对手信用风险，中银香港与香港金融管理局联合宣布建立人民币托管账户。

（3）4月，中国人民银行启动对外商直接投资以人民币标价的跟踪研究。

（4）7 月底，香港金融管理局对清算银行的人民币净敞口头寸规则进行了修改，允许以远期头寸去对冲净敞口头寸。

● 2011 年 8 月 17 日，中国副总理李克强强调用更多措施用来加快人民币国际化步伐。

（1）人民币贸易结算将扩展至全国，跨境贸易结算没有任何地域限制。

（2）人民币合格境外机构投资者将会在 2012 年底之前引入，将会给予香港企业 200 亿元的额度用来投资内地证券市场。

（3）内地企业将可以赴港发行人民币债券，而不单单只是金融机构和海外企业。

（4）境外企业以人民币直接投资中国将会更加自由，不过如果金额超过 3000 万元人民币，或是特定产业，仍需得到财政部的审批同意。

第二篇 | 人民币跨境清算指标体系

第 | 一 | 章 |

国际清算与结算体系的介绍与比较

第一节 支付、结算、清算的概念

国际清算银行国际支付结算体系委员会①认为支付（Payment）是付款人向收款人转移可接受货币性债权的过程。这些债权包括在金融机构或中央银行的钞票或者存款结余。欧洲中央银行②则认为从严格意义上看，支付是指付款人向收款人履行责任进行资金转移的过程。然而，从技术或统计意义上说，支付往往被看作指令转移（Transfer Order）的同义词。通常认为支付是指"因经济活动引起的、能以一定的货币价值进行计量的债权债务清偿行为及过程"。③

清算和结算在实际生活中往往会被混淆。但实际上，结算和清算是两个完全不同的概念。国际清算银行国际支付结算体系委员会和欧洲中央银行都认为清算（Clearing）是指在结算（Settlement）之前发出、核对，在某些情况下包括确认转移指令的过程，包括轧差指令、建立结算的最终头

---

① Committee on Payment and Settlement Systems, A Glossary of Terms Used in Payments and Settlement Systems, March 2003.

② ECB, Glossary of Terms Related to Payment, Clearing and Settlement Systems, December 2009.

③ 冯菊萍：《支付体系与国际金融中心》，上海人民出版社，2009。

寸等。对于期货和期权来说，清算也包括盈余和损失的日间头寸轧平以及所要求抵押品的日间核算。而对于结算（Settlement），国际清算银行国际支付结算体系委员会认为，是指在两个或两个以上当事人之间通过转移资金或证券履行责任的行为，同时也指交易的完成，卖方将证券或金融工具转移给买方，而买方则将货币转移给卖方。欧洲中央银行的定义与此类似，也认为结算是指交易的完成，或是通过资金或证券转移履行当事人职责的过程。清算和结算最大的不同之处在于针对的客户或服务的对象不同，结算是指银行对自己所有账户（对公和个人）进行的核算业务，简单说就是本行系统内的一种账务结算，它只限于本系统；清算是指银行同业之间通过账户或有关货币当地清算系统，在办理结算和支付中用以清讫双边或多边债权债务的过程和方法，通常是介于两个独立结算系统之外的第三方有偿清算服务。

一般来说，银行结算系统、清算系统和核算系统共同组成银行支付系统。结算系统作为客户服务的起点和窗口，是直接面对客户的系统，它属于银行的前台服务，对客户进行服务的同时收取费用，产生利润。当客户的支付请求涉及跨行业务时，便需要清算系统参与进来完成同业之间的支付，同时清算系统也进行多余资金的拆借服务，为银行赚取利润。清算系统和结算系统在业务运行的同时将各自的信息传递给银行核算系统。银行核算系统将加工后的信息传递给管理信息系统，在完成对核算信息的分析、加工和分类后并最终提供给银行管理层，作为管理层进行决策的依据。

对多数国家来说，所谓清算主要指的是国内各金融机构之间的行为，但当一国货币已经或即将成为国际性货币时，清算便往往从国内扩展到国外。跨境清算通常需要国内清算的配合，并以国内清算为基础来进行。目前全球范围内比较有代表性的清算系统为美国的 CHIPS 和 Fedwire 系统及日本的 BOJ-NET、FXYCS、Zengin System 和 BCCS 系统。

第二节 环球同业银行金融电讯协会

环球同业银行金融电讯协会（SWIFT）是一家国际银行间非营利性的国际合作组织，成立于 1973 年。从 20 世纪 70 年代开始，伴随着金融全球化和自由化的迅猛发展，国际银行业之间经济活动日益频繁，账务往来与日俱增，传统的手工处理手段已无法满足客户的要求。为了适应瞬息万变的市场发展，客户要求在一个国家内，甚至世界范围内的转账结算与资金清算能迅速完成。因此，在 20 世纪 60 年代末 70 年代初，欧洲七家银行就酝酿建立一个国际通信系统以提供国际间金融数据及其他信息的快速传递服务，开始对通用的国际金融电文交换处理程序进行可行性研究。

1973 年 5 月，来自美国、加拿大和欧洲 15 个国家的 239 家银行宣布正式成立 SWIFT。SWIFT 的使命是创建一个共享的环球数据处理和通信连接系统，创建国际金融交易的一套通用语言。各国希望通过设计、建立和管理 SWIFT 国际网络，在该组织成员间进行国际金融信息的传输，解决各国金融通信不能适应国际间支付清算业务量快速增长的挑战。1974 年各国开始设计计算机网络系统，1977 年夏完成了 SWIFT 网络系统的各项建设和开发工作，并正式上线，其最初的会员群此时已扩大至 518 家商业银行，分布于 22 个国家或地区。

SWIFT 创立之后，其成员银行数量逐年迅速增加。从 1987 年开始，非银行的金融机构，包括经纪人、投资公司、证券公司和证券交易所等，开始使用 SWIFT。截至 2014 年 2 月，全球已经有 216 个国家或地区的金融机构进入 SWIFT，活跃成员机构 2386 家，会员分支机构 3338 家，参与机构 4860 家，总使用者达 10584 家。

SWIFT 的使用，为银行的结算提供了安全、可靠、快捷、标准化、自动化的通信业务，大大提高了银行的结算速度。SWIFT 总部设在比利时的

布鲁塞尔，同时在荷兰阿姆斯特丹和美国纽约分别设立交换中心
（Swifting Center），并为各参加国开设集线中心（National Concentration）。
SWIFT 运营着世界级的金融电文网络，银行和其他金融机构通过它与同业
交换电文（Message）来完成金融交易。2013 年全年，SWIFT 共提供报文
量超过 50 亿条，同比增长 10.4%，平均每天报文量达 2014 万条。SWIFT
以其高效、可靠、低廉和完善的服务，在促进世界贸易的发展、加速全球
范围内的货币流通及国际金融结算、促进国际金融业务的现代化和规范化
方面发挥了积极的作用。

（一）SWIFT 的运作

SWIFT 提供了全球性支付市场基础设施，其通过提供安全的信息传
递、有效的链接和通用报文标准，在全球范围内为大额和零散支付提供信
息传输服务。其服务参与机构主要分为五大类：泛欧自动清算所（PE-
ACH）、单一欧元支付区域计划（SEPA①）兼容自动清算所（ACH）、其
他结构性双边或/与多边清算结算分散形式、银行或/与集团内部清算与结
算安排，以及纯双边非结构性单一欧元支付区域兼容自动清算所。SWIFT
提供的支付清算服务流程如图 1 所示，其提供的支付服务主要包括以下几
个方面。

第一，大额支付体系（High Value Payment）。SWIFT 通过与各国实时
总额结算体系（RTGS）连接，进行大额支付清算。目前 SWIFT 已经为 90
多个国家和地区、超过 62 个大额支付清算和结算系统提供报文服务和通
用报文标准，每年处理的支付量超过 2.4 亿宗。

---

① SEPA 是指一个超国界的区域：在此区域内的公民、企业和其他经济主体能够依据同等
的条件、权利和义务，发起和接收欧元支付，而不管支付交易发起方和接收方是否属于
同一国家。SEPA 计划覆盖德国、法国等 13 个欧元区国家及同属欧洲自由贸易区的冰
岛、列支敦士登、挪威和瑞士四国。SEPA 计划对于欧洲支付体系建设意义重大。

第二，零散支付体系（Retail Payment）。SWIFT 提供了一个可扩展的可靠平台，面向国内清算系统内部和各国清算系统之间的零散支付提供具成本效益且可互操作的文件传输服务。在各国或各地区金融界内部，通常通过中央机构（转账清算服务网络、自动清算所、零散支付系统）以双边或多边方式清算零散支付和收款，如薪水、养老金、费用开支和公用事业服务账单。目前 SWIFT 为 21 个零散支付清算和结算系统提供报文服务和通用报文标准，每年处理的支付量超过 50 亿宗。以上支付交易主要通过自动清算所（ACH）完成。①

第三，多币种外汇交易清算。SWIFT 通过连接持续联结结算系统（CLS）为各国提供多货币现金付款清算和结算服务。目前 CLS 可以为 17 种货币兑换和其他单向支付提供服务，2013 年，平均每日提交到 CLS 的服务指令为 119.2 万条，平均每日的服务总额为 49.9 亿美元。

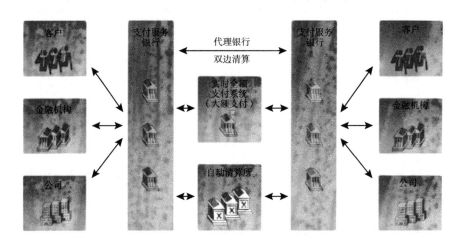

图 1　SWIFT 支付清算服务流程

---

① 美国的自动清算所系统（ACHs）是覆盖全美的一个电子清算系统，用于银行间票据交换和清算，主要解决纸质支票的低效和安全问题。ACH 适用于工资发放、政府福利津贴、养老金的发放、保险费、消费者账单、抵押分期付款及利息的支付、企业间贷款结算等，主要为政府机构、公司、企业、消费者提供小额支付服务。

（二）SWIFT 业务状况

从网络功能来看，SWIFT 主要提供接入服务、金融信息传送服务、交易处理服务、分析服务和分析工具等。就金融信息传送服务而言，SWIFT 的核心服务是 FIN。它通过 SWIFT 网络接收、存储转发各种金融业务处理中的数据。同时，SWIFT 为支持大额支付及与证券相关交易中的清算、结算、净额结算还提供了 FIN 备份服务。在交易指令传达给接收方之前，指令要备份并通过第三方（如中央银行）的认证。FIN 服务使 SWIFT 成为世界上使用最广泛的支付服务系统，各国银行的国际业务都依赖它，其信息种类、格式和技术架构已成为全球支付系统中的典范。

表 1　SWIFT-FIN 服务增长概括

业务种类	支付业务	证券业务	国库券业务	自营交易	系统服务
信息数量（百万条）	2524.5	2215.6	268.7	42.0	14.9
增长率(%)	9.1	12.2	10.8	-0.8	2.3

资料来源：SWIFT 网站。

（三）SWIFT 的优势

第一，SWIFT 国际覆盖范围广，有利于发挥规模化优势。目前，SWIFT 已发展成为为所有金融业务活动提供单一报文服务的平台，其网络已经覆盖全球 214 个国家，为超过 1 万家机构提供服务。大规模的传输服务使得 SWIFT 的费用较低，据统计，同样多的内容，SWIFT 的费用只有电传（TELEX）的 18% 左右，只有电报（CABLE）的 2.5% 左右。

第二，SWIFT 的安全性较高。SWIFT 的密押比电传的密押可靠性强、保密性高，且具有较高的自动化水平；SWIFT 的系统非常稳健，目前其正常运行时间达到 99.999%，并有灾难恢复机制；为满足全球支付需要，其提供 7

天 24 小时全天候关键基础设施的专门支持，同时拥有可靠有效的例外管理。

第三，SWIFT 的格式具有标准化特性，有利于全球推广。对于 SWIFT 电文，SWIFT 组织有着统一的要求和格式。为促进标准的统一性，SWIFT 还与国际标准组织以及支付市场做法小组（PMPG）及欧洲支付理事会（SEPA）等支付业协商组织紧密合作，共同制定支付业务的各种标准和最佳市场做法。

第三节　美国的支付清算体系

（一）纽约清算所银行同业支付系统

纽约清算所银行同业支付系统（Clearing House Interbank Payment System，CHIPS）是一个实时的电脑化处理系统，为其参加银行办理跨境美元支付清算服务。CHIPS 由纽约清算所协会（NYCHA）于 1970 年建立，1998 年 CHIPS 归 Chips Co 公司所有并处于其管理之下，2001 年 CHIPS 采用新系统，开始向实时净额清算系统过渡。目前，CHIPS 已经成为全球最大的私营支付清算系统之一。2013 年 CHIPS 清算和结算（包括跨境和国内支付）日均交易额在 1.5 万亿美元左右。

CHIPS 的参与者可以是商业银行机构，或者是满足清算所银行间支付系统规则第 19 条的边缘法（Edge Act）公司①。清算所银行间支付系统的参与者必须服从遵守联邦储备银行的监管，该系统本身每年也接受联邦银行监管当局的监管。而希望通过清算所银行间支付系统进行支付的非参与者必须作为参与者的代理方或者相关方参与支付结算。CHIPS 在运行之初

---

① 又称埃奇法公司，是指银行或银行持股公司的附属企业，以股权控制为主要联结纽带，因而不属于跨国银行的分行。这种银行跨国经营方式以美国最为典型，其业务范围主要局限于国际投资、对外贷款、国际贸易融资、国际业务结算等国际业务上。

仅有 9 家参与机构，但是到 20 世纪 80 年代后期，参与机构达到顶峰 140 家，随后随着银行业合并浪潮的兴起，参与机构数量迅速下降，此后维持在 50 家左右。截至 2014 年 3 月，清算所银行间支付系统共有 51 家参与机构，涉及国家或地区 19 个（除美国外）。在 51 家机构中，美国占 18 家，中国占 7 家，法国占 4 家，英国和日本各占 3 家，德国占 2 家，其他国家或地区则为 1 家。

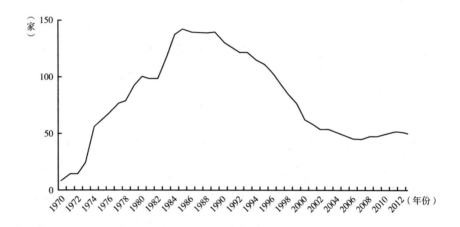

图 2　CHIPS 的参与者数量

资料来源：CHIPS 网站。

表 2　CHIPS 参与机构（2014 年 3 月）

比利时	巴西	加拿大	中国	英国	法国	德国
1	1	1	7	3	4	2
印度	以色列	意大利	日本	韩国	科威特	巴基斯坦
1	1	1	3	1	1	1
西班牙	瑞士	中国台湾	泰国	阿联酋	美国	总计
1	1	1	1	1	18	51

资料来源：CHIPS 网站。

CHIPS 要求参与者在每天交易开始前储蓄一定数量的资金，在系统运行时间内，只有参与者当前的资金头寸足够，并通过联邦资金转账系统

（Federal Reserve Communication System，通常称为 Fedwire）划入 CHIPS 账户后，CHIPS 才释放支付命令，而且任何参与者当前的资金头寸不得小于0。日终有贷方余额的 CHIPS 账户，系统将通过 Fedwire 全额划给所属参与机构，CHIPS 账户余额将归零。

CHIPS 的业务流程如图 3 所示。在本例中，银行 X 需向银行 Y 支付资金，但由于银行 X 和银行 Y 不是 CHIPS 的直接会员，所以需要通过银行 A 和银行 B 作为代理行。银行 X、银行 Y 通过 SWIFT 系统与银行 A、银行 B 建立起联系。银行 A、银行 B 则通过 Fedwire 系统向 CHIPS 划拨资金。信息流通过 SWIFT、Fedwire 转入 CHIPS 系统，最终通过 CHIPS 系统向银行 A、银行 B 划拨资金。

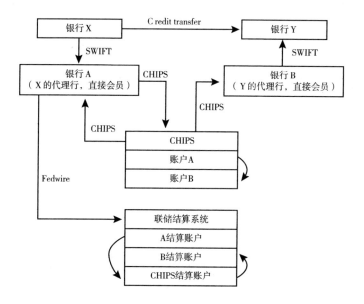

图 3　银行通过 CHIPS 清算的示例

最初，CHIPS 只是用来对外汇交易的美元进行支付清算服务，然而从2001 年开始，CHIPS 也开始关注国内业务。美国金融危机爆发后，CHIPS的美元支付清算规模出现较大幅度下降，2009 年其清算规模下降了

28.4%，此后基本维持稳定，2013 年，其支付规模在 380 万亿美元左右。年交易次数稳定上升，这表明每一次的交易清算规模有所下降，金融危机之前，每一次支付清算规模超过 500 万美元，但是近两年则降至 370 万美元上下。目前的日均交易清算规模为 1.5 万美元左右。

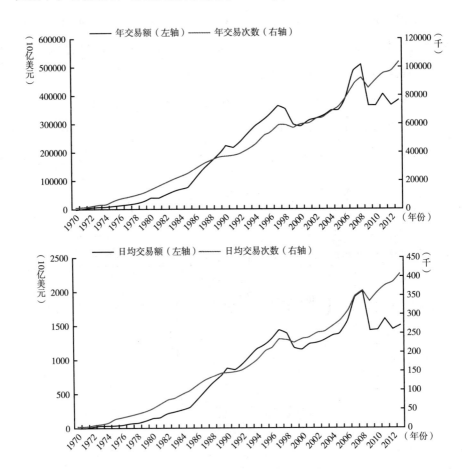

图 4 CHIPS 业务规模

资料来源：CHIPS 网站。

（二）联邦资金转账系统

Fedwire 是美国境内美元支付系统，是美联储拥有和经营的一个实时总额支付结算系统。Fedwire 自 1914 年 11 月开始运行，是美国第一条国家级支付系统。Fedwire 将全美划分为 12 个联邦储备区、25 个分行和 11 个专门的支付处理中心，它将美联储总部、所有的联储银行、美国财政部及其他联邦政府机构连接在一起，提供实时全额结算服务，主要用于金融机构之间的隔夜拆借、银行间清算、公司之间的大额交易结算，以及美国政府与国际组织的记账债券转移业务等。同时，Fedwire 为 CHIPS 提供最终资金清算，也就是说，无论 CHIPS 成员行是否加入 Fedwire，均可指定另一家银行（必须是 Fedwire 的成员行）作为结算银行。

Fedwire 不仅提供大额资金支付功能，还使跨行转汇得以最终清算。此外，Fedwire 还提供金融信息服务。通过该系统传输和处理的信息主要有以下几种。①资金转账（Funds Transfer）信息，即将储备账户余额从一个金融机构划拨到另一个金融机构的户头上，这些资金几乎全是大额资金。②传输美国政府和联邦机构的各种证券（Securities Transfer）交易信息。③传输联邦储备体系的管理信息和调查研究信息。④自动清算（ACH）业务。在美国，大量采用支票作为支付工具，通过 ACH 系统，就可使支票支付处理实现电子化。⑤批量数据传送（Bulk Data）。通过 Fedwire 进行的资金转账过程，是通过联邦储备成员的联邦储备账户实现的。因此，资金转账的结果将直接影响成员行持有的联邦储备账户的储备余额水平。这样，通过 Fedwire 结算的资金立即有效并立即可用。这也使 Fedwire 成为可使用在美国的任何资金转账（包括来自 CHIPS 和其他支付网络的资金转账）实现最终清算的唯一网络系统。通过 Fedwire 的资金清算是双向的，即联邦储备银行借记寄出方账户，并以相同信息贷记接收方账户。在转账时，如果寄出方在联邦储备账户中的资金不足，无法在其账户中对可用资金进行借记，即寄出方不能立即和联邦储备银行清算其资金余额，此时，Fedwire 则向其发出一笔贷款，并仍然贷记接收方储备账户。因此，不管寄出方能否同联邦储备银行清算其资金余额，对接收方来说，支付总是最终的。通过 Fedwire 进行的资金转账，从寄出方发出，到接收方收到，几秒钟、最多几分钟就可完成。

Fedwire 运作流程如图 5 所示。①个人或企业向其开户银行提出资金转账要求；②发送方银行贷记支付命令发送者的账户，启动一个 Fedwire 资金转账命令；③美联储贷记支付命令发送方银行账户，借记支付命令接收方银行账户；④Fedwire 通知接收方银行有资金转账发生。

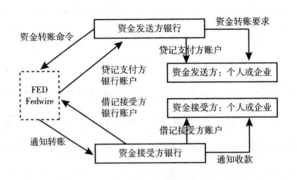

图 5 Fedwire 运作流程

Fedwire 美元清算服务与 CHIPS 业务量发展轨迹类似，但是远较 CHIPS 业务量规模要大。美国金融危机爆发后，其美元支付清算规模也出现较大幅度下降，不过之后特别是 2013 年出现较大反弹，2013 年其支付

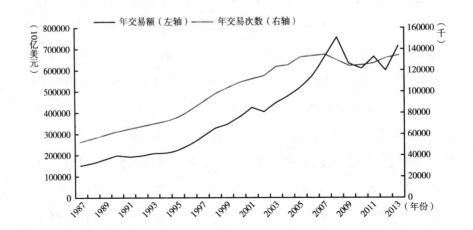

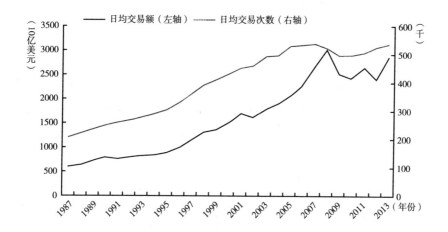

图 6　Fedwire 业务规模

资料来源：Board of Governors of the Federal Reserve System。

规模为 713.3 万亿美元，同比增长 19%。年交易次数保持稳定增长，
2013 年日均交易清算规模为 2.84 万美元。

第四节　泛欧自动实时总额结算特快转账系统

　　欧元区的支付结算系统分为两类：一是大额支付结算系统。它主
要包括泛欧自动实时全额结算快速转账（TARGET）系统以及欧洲银行
业协会（EBA）的 EURO1 系统。此外，还有三家区域性的大额净额结
算系统，分别是芬兰的 POPS 系统、西班牙的 SPI 系统、法国的巴黎净
额结算系统（PNS）；二是跨境零售支付系统。欧元区的零售业务支付
系统大都依赖于各成员国内的零售业务支付系统。目前涵盖整个欧元
区并对所有银行开放的跨境零售业务支付系统为欧洲银行协会（EBA）
的 STEP2 系统。我们在此重点介绍泛欧自动实时全额结算快速转账
系统。

专栏一：欧洲银行业协会的 Euro 系统与 Step 系统①

Euro 系统

Euro1 是逐笔处理跨境和国内银行间欧元支付交易的私营支付系统，主要为大额支付提供延时净额结算服务。Euro1 系统收费较为低廉，且有利于节约参与者流动性。Euro1 于 1998 年建成，由欧洲银行业协会（EBA）拥有，EBA 清算所运营。Euro1 通过欧央行的结算账户为参与者完成结算。Euro1 有直接参与者、附属参与者和其他参与者，直接参与者在 Euro1 开立结算账户且必须是 Target 2 的直接参与者，附属参与者通常是直接参与者的子行或分行，它们可直接接入 Euro1，但使用隶属直接参与者的流动性余额进行结算。其他参与者是指通过 Euro1 结算其在 Step2 中债务的预存资金参与者。Euro1 有 66 家直接参与者，57 家附属参与者，11 个预存资金参与者。目前，Euro1 的日均业务量为 23 万笔，业务金额为 2450 亿欧元。

Step 系统

Step1 是一个逐笔处理欧元跨境支付的清算系统，主要为商业交易等零售支付提供服务。Step1 与 Euro1 共用同一系统平台，通常未能达到 Euro1 准入条件的银行机构均会加入 Step1 系统。Step1 参与者必须通过 Euro1 的参加行完成最终结算。目前，Step1 的日均业务量为 2 万笔，业务金额超过 10 亿欧元。

Step2 是一个批量处理欧元支付业务的零售支付系统，能处理以多种文件格式提交的大批量、非紧急欧元商业和零售支付业务。Step2 于 2008 年 1 月起可以处理单一欧元支付区域计划（Single Euro Payments Area，SEPA）贷记转账，可以处理 SEPA 直接借记业务。Step2 由 EBA 清算所拥

---

① 资料来源：欧洲银行协会清算所网站，https://www.ebaclearing.eu；胡波：《欧洲支付系统建设及启示》，《金融时报》，http://finance.sina.com.cn/roll/20100301/06107473928.shtml。

有并运营，由欧央行负责监管，参与者必须是位于欧盟经济区内的商业银行。Step2 是一个清算系统，只对收到的支付文件进行清分，计算参与者待结算债权债务，其中 SEPA 贷记转账和 SEPA 直接借记交由 Target2 完成最终结算，传统贷记转账交由 Euro1 完成最终结算，收到参与者结算信息后，再将相关的支付文件发给接收方。2014 年 3 月，Step2 的日均业务量为 1484.7 万笔，日均业务金额为 345.6 亿欧元。

泛欧自动实时全额结算快速转账系统（TARGET）是处理欧元交易的实时全额结算系统（RTGS）。该系统是一个分布式的系统，它由 15 个国家即时支付结算系统 RTGS 系统、欧洲央行付款机制（EPM）和一个连接系统组成。TARGET 系统从 1999 年 1 月 4 日开始运行，欧盟约有 5000 个机构加入了该系统。2007 年 11 月之后，基于单一集中平台和标准化技术接口的 TARGET2 系统建成并运行，它取代了高度分散化的 TARGET1，21 个欧盟成员国分别从本国的 RTGS 系统分三批迁移到此共享平台上，各国以前的 RTGS 系统停止运行。

TARGET 主要为了满足三个主要目标：首先，通过促进欧元区货币市场的整合，以便顺利平稳实施单一货币政策；其次，提高系统稳健性和欧元支付的效率；最后，在即时支付结算基础上为清算结算提供一个安全可靠的机制，从而最小化支付风险。为了实现这些目标，TARGRT 提供了跨境转移中央银行货币与在国内市场一样顺利的可能性。

（一）运行规则

管理 TARGET 和其运行的法规包括两类：一是《欧洲中央银行泛欧自动实时全额结算快速转账系统指导原则》（TARGET 指导原则）；二是参加 TARGET 国家各自的实时全额结算系统 RTGS 系统及欧洲中央银行的支付机构（EPM）的规则和处理流程（国家 RTGS 规则）。TARGET 指导原则于 1999 年 1 月 1 日即 EMU 第三阶段开始时即生效。

TARGET 指导原则适用于欧洲中央银行（ECB）和加入欧元体系的各国中央银行（NCB）。其具体内容包括：①对每一个加入或者连接到 TARGET 的国家 RTGS 系统必须遵守的最低共同标准做出规定（如接入标准、货币单位、收费规则、运行时间、可以通过 TARGET 进行处理支付交易类型的相关规定、支付指令应被处理的时间或支付指令被认定为不可撤销的时间、日间信贷）；②通过连接系统进行跨境支付的协议安排；③ TARGET 的安全战略和安全条件；④建立 TARGET 审计框架的相关条款；⑤TARGET 的管理。

（二）系统的参与者

根据指导原则，TARGET 只允许《银行协作 1 号指示》第一条第一段规定的在欧洲经济区（EEA14）注册的受监管的信用机构作为直接参与者加入。同时，一些机构在得到相关国家重要银行的批准后也可以参与进来，这包括：①活跃于货币市场的成员国中央或地方政府的财政部门；②得到授权可为消费者持有账户的成员国公共部门的相关机构；③在 EEA 内注册，得到公认的法定主管部门授权和监管的投资公司；④受法定主管部门监督，提供清算和结算服务的组织机构。

（三）TARGET 的系统结构

TARGET 系统由以下三部分构成。

1. 国内 RTGS 系统/TRAGET 互连系统

（1）欧盟成员国的 RTGS 系统。欧盟成员国包括加入欧元区的国家，以及未使用单一货币，但在欧盟发展到第三阶段之前已经是欧盟成员国的国家。后者只要能够在处理本国货币的同时处理欧元就可以与 TARGET 相连。（2）欧洲中央银行的支付机构（EPM）。（3）互连系统（INTERLINKING

SYSTEM），将 EPM 以及各国的 RTGS 系统连为一个整体，包括：IT 系统，在此基础上建立了各国中央银行的往来账户，记录各国因资金流动而产生的资产与负债；通信系统，实时传递支付信息。

2. 信贷机构

信贷机构通过本国的 RTGS 系统接入 TRAGET 系统，接口由该国的中央银行确定。若要进行跨国支付，信贷机构需要满足以下条件：是 RTGS 系统的直接参与者（在中央银行开立清算账户），或由直接参与者代理，或是参与者的客户，或是中央银行的客户。

3. SWIFT 网络

（四）TARGET 业务与运行特点

TARGET 支持以欧元为单位的、所有类型的信用转账服务，其主要处理以下三种交易：①与中央银行运作直接相关的支付（即与实施货币政策直接相关的支付），发送方或接受方使用到欧洲中央银行系统，该项支付是委托 TARGET 进行的清算服务之一；②提供大额支付服务的净额清算系统以欧元为单位进行清算，需委托 TARGET 完成，目的是降低支付系统的风险；③以欧元为单位的银行间支付以及商业支付。

TARGET 是一个实时全额清算系统。国内 RTGS 系统成员在该国的中央银行设立清算账户，支付命令发出方在该账户中的资金用来实现支付。在处理支付命令时，TARGET 采取实时、逐一处理的方式，支付信息在与之相关的两国的中央银行间直接传送而不通过某个中央机构进行双边结算。在进行跨国支付时，提出请求的信用机构先通过本地的 RTGS 系统将支付指令传送到国内的中央银行。中央银行检查支付命令的有效性（提交的支付命令要符合标准并包含必要的信息），以及该机构是否有足够的资金或是否超出透支限额。TARGET 系统具有如下特点：①采用 RTGS 模式，系统在整个营业日内连续、逐笔地处理支付指令，所有支付指令均是最终的和不可撤销的，从而大大降低了支付系统风险，但对参加清算银行的资金流动性具有较高要求；②由于资金可以实时、全额地从欧盟一国银行划拨到另一国银行，不必经过原有的货币汇总程序，从而减少了资金占用，提高了清算效率和安全系数，有助于欧洲中央银行货币政策的实施；③欧洲中央银行对系统用户采取收费政策，用户采取收费政策，用户业务量越大，收费标准越低，这一收费规则对大银行更有利。

2007 年 11 月 19 日 TARGET2 系统正式启用，其由法国、德国、意大利三国共同开发。TARGET2 系统最有意义的理念创新在于其整合了现有的分散技术设施的方式，创立了一个共享的技术平台。TARGET2 系统具有以下特点：①TARGET 服务范围完全标准化，从而保证全欧的信贷机构能得到相同水准的优质服务；②欧元的国内和跨境支付实现无差别处理；③为欧洲所有参与者管理央行流动金提供全面选择；④面向 TARGET2 参与全国的统一且更低的价格。

TARGET 和 TARGET2 的清算过程如图 7 所示。

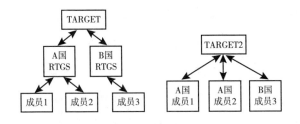

图 7　TARGET 和 TARGET2 的清算过程

（五）TARGET 目前的业务情况

2012 年，TARGET2 总共发生 9067.1 万亿次交易，总计金额 634.1 万亿欧元，平均每天产生交易 35.4 万次，日均交易金额 2.5 万亿左

右。2013 年前半年，TARGET2 日均完成 36.7 万次交易，日均交易额
近 2 万亿元，其中交易次数占到市场份额的 59%，交易金额则占到市
场总值的 91%。

表 3　TARGET2 交易量

	支付金额（10 亿欧元）			支付次数（次）		
	2011 年	2012 年	增长率（%）	2011 年	2012 年	增长率（%）
总额	612936	634132	3.46	89565697	90671378	1.23
日均	2385	2477	3.86	348505	354185	1.63

资料来源：ECB。

从支付金额上看，TARGET2 主要以大额银行间交易为主，近几年，
大额支付都占到 TARGET2 支付金融比例的 90% 以上。从支付次数上看，
小额消费者交易占到多数，2012 年，有 68% 的支付金额等于或小于
50000 欧元，其中大部分为消费者零售支付。

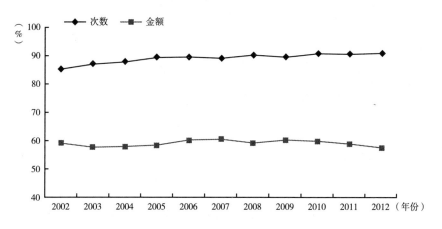

图 8　TARGET2 大额支付次数与金额占比

资料来源：ECB。

表 4　2012 年 TARGET2 支付次数分布

少于 50000 欧元	50000 ~ 100 万欧元	100 万 ~ 10 亿欧元	超过 10 亿欧元
68%	21%	11%	< 0.1%

资料来源：ECB。

　　目前，欧盟成员国中的 24 家央行（包括欧元区 18 家央行以及欧央行和 6 家非欧元区央行）及其所属用户群都已连入 TARGET2。截至 2012 年年底，共有 999 家直接参与机构在 TARGET2 开设账户，另有 3386 家来自欧洲经济区（EEA）和 13313 家来自全球范围的非直接参与机构。这些直接和间接参与机构的分支（信贷机构）也可以访问 TARGET2，其总计数量达到 57140 家。

表 5　TARGET2 的参与机构类型与数量（2012 年年底）

直接参与者	999
间接参与者	3386
信贷机构	32
直接参与者分支机构	1548
可访问银行识别码的代理行	13313
可访问银行识别码的直接参与者分支机构	30726
可访问银行识别码的间接参与者分支机构	7136

资料来源：ECB。

　　TARGET2 已经成为世界上最大的支付系统之一。欧洲央行对 TARGET/TARGET2 与世界其他支付系统每日平均交易金额进行了比较。2003 ~ 2005 年，TARGET/TARGET2 的日均交易额曾处于四大支付系统之首，但是之后持续联结结算系统（Continuous Linked Settlement，CLS）交易额出现快速增长，这主要是由于金融市场的大幅动荡造成的，特别是在美国金融危机爆发后的 2009 ~ 2011 年期间。目前，从日均交易额来看，TARGET/TARGET2 已经成为仅次于 CLS 的全球第二大支付系统。

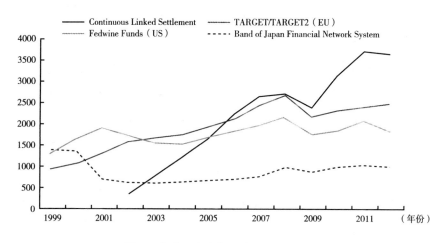

图 9　全球四大支付系统的日均交易额

资料来源：ECB，TARGET Annual Report 2012。

专栏二：持续联结清算系统

2002 年 9 月 9 日，世界上第一个联结各国资金批发清算的实时总额清算系统，提供多币种多边实时跨国外汇交易同步清算的全新系统——持续联结清算系统（Continuous Linked Settlement，CLS）正式启动。

在传统结算方式下，外汇交易完成以后，对交易双方分别进行支付。由于时区差异或者法律制度不同，会导致支付的拖延。原有的外汇交易清算体系，诸如以 Fedwire 为代表的实时总额双边清算体系和以 CHIPS 为代表的延迟净差额清算体系在流动性与安全性方面存在许多局限性，无法提供安全可靠的跨国多币种实时清算，由此导致全球外汇交易存在巨大的清算风险。

因此，1994 年十国集团的中央银行建议私人银行业多方探求，消除外汇交易中的清算风险。作为回应，世界最大的 20 家外汇交易银行联合建议成立一个持续联结清算银行即 CLS Bank，与十国集团的中央银行直接实时连接，以实现外汇交易即时清算。1997 年 7 月，负责运营 CLS Bank 的"CLS 服务有限公司"在英国成立，旨在开发和建立 CLS 清算系统。2002 年 2 月，CLS Bank 在美国纽约成立，接受美国监管机构监管，并将其运作中心设在了伦敦。

CLS 主要提供三方面的产品和服务。在全球结算体系中，CLS 通过连接中央银行和世界主要金融机构，改变了金融服务行业。①为全球外汇现期交易、外汇远期交易、外汇掉期交易、非交割远期、场外市场信用衍生品交易的支付指令提供结算服务；②缓冲外汇交易风险，CLS 提供服务的方式非常灵活，可以直接参与，也可以通过结算成员间接参与，通过吸引更多的参与者、更多的币种以及更多的结算期限缓冲外汇交易风险；③强化结算服务的新产品。

CLS 目前提供 17 种货币的外汇交易结算服务和其他单向支付服务，为全球 800 多家机构提供外汇交易结算服务。2014 年 3 月，向 CLS 提交的日交易指令数量达到 1155507 次，平均每天的结算额达到 5.35 万亿美元。

表 6　CLS 交易数量和交易额

	2013 年 3 月	2014 年 2 月	2014 年 3 月
日均交易数量（次）	1217817	1150663	1155507
日均交易额（万亿美元）	5.16	5.15	5.35

资料来源：CLS 网站。

第五节　日本支付清算体系

日本的银行间支付结算体系主要包括四个系统，其中三个由私人部门运营，分别是汇票和支票清算系统（Bill and Cheque Clearing System,

BCCS），用于对提交到同城清算所的汇票和支票进行清算；全银数据通信系统（Zengin Data Telecommunication System，Zengin System），用于零售贷记转账交易的清算；外汇日元清算系统（Foreign Exchange Yen Clearing System，FXYCS），用于外汇交易中日元部分的清算。第四个是由日本银行负责运营的日本银行金融网络系统（Bank of Japan Net Funds Transfer System，BOJ-NET），主要用于结算银行债务，包括私营清算系统清算后产生的净债务。其中，BOJ-NET 和 FXYCS 为大额支付清算系统；BCCS 和 Zengin System 为小额支付清算系统。BOJ-NET 系统在日本支付清算体系中处于核心和枢纽地位，参加其他清算系统的金融机构都必须在日本银行开户，最终通过日本银行金融网络系统完成彼此之间的资金清算。我们在此重点介绍两个大额支付清算系统。

（一）日本银行金融网络资金转账系统

日本银行金融网络资金转账系统（BOJ-NET）于 1988 年建成，是一个联机的电子大额资金转账系统，也是日本支付结算系统的核心。BOJ-NET 由两个子系统组成：另一个是用于资金转账的 BOJ-NET 资金转账系统；另一个是用于日本政府债券（JGB）结算的 BOJ-NET 政府债务服务系统。虽然 BOJ-NET 资金转账系统从建成起就为资金的结算提供了两种结算方式，即定时净额结算和实时总额结算（RTGS），但在 2001 年年初日本银行废除了定时净额结算这种结算方式，使得实时总额结算成为 BOJ-NET 系统唯一可用的结算模式。2005 年 11 月，日本银行决定对 BOJ-NET 系统进行进一步的升级，升级分两个阶段进行，2011 年新一代实时支付结算系统（RTGS-XG）竣工，进一步提高了日本大额支付体系的安全和效率。

专栏三：全球支付清算市场的发展阶段*

自中央银行垄断货币发行之后，全球各国支付体系的发展一般经历五个阶段：①现金；②现金 + 非正式清算安排的非现金工具；③非自动、不受保护的延迟净额结算体系（Deferred Net Settlement System，DNS）；④自动的、不受保护的 DNS 体系与实时总额结算体系（Real-Time Gross Settlement，RTGS）并存；⑤完全自动的、受保护的 RTGS 体系 + DNS 体系。支付体系的发展与该国经济发展水平阶段紧密相关。20 世纪 70 年代以后，发达国家大部分都进入了第四、第五阶段，新兴国家则基本刚刚步入第四阶段。

* 资料来源：杨涛：《中国支付清算发展报告》，社会科学文献出版社，2013。

日本银行提供的大多数支付服务都可以通过 BOJ-NET 资金转账系统处理，主要包括四类交易类型：①同业拆借市场和证券交易所引起的金融机构之间的资金转账；②在同一金融机构的不同账户之间的资金转账；③私营清算系统产生净头寸的结算；④金融机构和日本银行之间的资金转账，包括在公开市场操作的交易。通过 BOJ-NET 资金转账系统进行的大多数资金转账都是贷记转账，但机构内的资金划拨，也可以通过借记转账来进行。

BOJ-NET 资金转账系统参与机构主要包括：在支付体系中发挥关键作用的机构；在证券结算中发挥关键作用的机构；在银行间货币市场发挥中介作用的机构。具体来看，这包括银行、在日本的外资银行分支、信用社（Shinkin banks）、中央信贷机构、证券公司、证券金融公司、货币市场经纪、支付清算组织等。截至 2010 年年底，BOJ-NET 资金转账系统包括 383 个在线参与机构，这包括 142 家银行、54 家外资银行在日分支机构、91 家信用社、5 家中央合作社、39 家证券公司、3 家货币市场经纪以及 13 家其他机构等。

在经过金融危机之后短暂的下降后，从 2012 年（财年）开始，BOJ-NET 系统交易额重新出新上升。2013 财年 BOJ-NET 系统日均交易次数超

过 6.6 万次，同比增长 7.7%，日均交易额为 116.5 万亿日元，同比增长
6.1%。

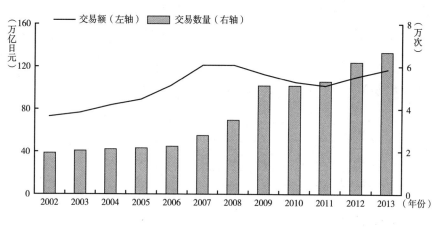

图 10　BOJ-NET 系统的日均交易规模

资料来源：Bank of Japan。

（二）外汇日元清算系统

外汇日元清算系统（FXYCS）是由东京银行协会（现为日本银行家协
会，JBA）于 1980 年建成的大额支付系统，旨在促进日元支付结算的跨境
金融交易，简化跨境金融交易日元支付的清算过程。最初，系统的运转只
是处理纸质单据。为了适应外汇交易量的快速增长，1989 年东京银行家协
会对该系统进行了改造，实现了系统的自动化，并把经营权委托给日本银
行。从此，外汇交易的日元清算就通过日本银行 BOJ-NET 系统进行。

FXYCS 系统处理跨境金融交易所产生的日元支付，这些跨境金融交
易包括外汇交易、日元证券交易和进出口贸易的支付。日元外汇交易支付
过程如下：①外国付款人 X 向其银行 A 发出指令，对位于日本的收款人
Y 进行日元支付；②付款人银行 A 在 X 账户上借记一个等量汇款，并要
求向收款人 Y 所在银行 C（FXYCS 的接受行）贷记收款人 Y 一个等量资

金，并转移至代理银行 B（FXYCS 的拨款行），这一过程主要利用 SWIFT 系统；③付款行 B 借记等量汇款，并向 FXYCS 发出支付指令，这一过程主要利用 BOJ-NET FTS 系统；④一旦收到支付指令，电子支付指令中指定的金额将从银行 B 在日本银行中现金账户中扣除，并计入银行 C 在日本央行中的现金账户，这一指令同样传输给银行 C；⑤接收行 C 将资金贷记入收款人 Y 的账户，并通知收款人收款。

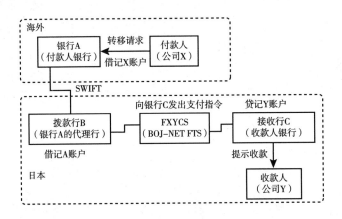

图 11　FXYCS 的支付过程

截至 2011 年 12 月，参加 FXYCS 系统的金融机构共有 208 家，包括 57 家外国银行在日本的分支机构，其中有 28 家是 BOJ-NET 系统的直接参与者，179 家是间接参与者，它们要通过直接参与者加入 FXYCS 系统。另外，CLS 银行作为参与机构于 2002 年进入日本，在日元外汇结算中也起到重要作用。2011 年，FXYCS 系统完成交易 633 万次，总计金额 2821 万亿日元，平均每日完成交易 25840 次，日均交易额 11.5 万亿日元。

专栏四：日本的 BCCS 和 Zengin System

（一）汇票和支票清算系统

汇票和支票清算系统（BCCS）主要为同一地区的金融机构提供汇票

和支票的交换清算服务。大中型金融机构，包括银行和外国银行在日本的分支机构，都是 BCCS 系统的直接参与机构，小型金融机构则通过直接参与机构间接地加入系统进行清算。近年来，传统的票据融资被其他银行信贷产品所替代，作为支付结算工具的汇票支票的使用量呈下降趋势。截至 2011 年年底，全日本共有 224 家清算所，其中 119 家是由司法部指定的，另外 105 家为私人清算所。2011 年日本汇票和支票交换规模为 8200 万笔，交易额为 379 万亿日元，其中 74% 是由东京清算所（TCH）完成的。东京清算所是日本最大的清算所，目前共有 323 家金融机参与其中。

（二）全银数据通信系统

全银数据通信系统（Zengin System）是一个国内银行间资金转账的小额清算系统，于 1973 年开始运行。另外，很多小型金融机构，如信用金库、信用合作社、劳工信用协会、农业使用合作社以及区域性银行团体都有它们自己的银行间清算系统。这些清算系统的结构都与 Zengin System 相似。银行以及外国银行在日本的分支机构等金融机构直接参与 Zengin System 的清算。小型金融机构参加 Zengin System 则是分别通过它们各自与 Zengin System 连接的清算系统来实现。截至 2011 年 12 月，加入 Zengin System 的金融机构共有 1371 家（32474 家分支机构）。2011 年 Zengin 系统总共完成清算 14.5 亿笔，总结金额为 2691 万亿日元。

（三）小结

日元支付清算体系与美元等其他清算体系相比有较大的不同，前者主要按照票据交换、国内跨行转账、外汇交易的不同结算需要，设立了不同的专业化清算系统，各系统之间虽有交叉，但各负其责；而美元清算体系以 CHIPS 和 Fedwire 两大系统为主，分为国内结算和国际结算。虽然两大系统的运营机构、清算方式等不同，但均能满足不同的清算业务需要，为多功能清算系统。按业务性质设立数个专业化清算系统，与清算体系中若干个功能相近、可以相互交叉替代的多功能清算系统并存，在技术和制度安排上哪方更先进、更合理难以一概而论，但从结果来看都可以满足作为国际化货币的清算业务需要。

第六节　主要发达经济体支付清算体系的比较

表 7　主要发达经济体支付清算体系的比较

支付系统	币种	结算类型	管理机构	主要特点	备注
Fedwire	美元	实时全额结算	美联储（纽约联储）	主要用于金融机构之间的隔夜拆借、行间清算、公司之间的大额交易结算等，可实时进行每笔资金转账的发起、处理和完成，运行全部自动化	国内大额支付系统
CHIPS	美元	采用多边和双边净额轧差机制实现支付指令的实时清算，实现了实时全额清算系统和多边净额结算系统的有效整合	Chips Co 公司	为参加银行提供跨境美元支付清算服务，目前95%以上的跨国美元最终清算通过 CHIPS 系统进行；同时也提供国内大额支付服务	美元大额支付系统和国内大额支付系统
CHAPS	英镑、欧元	实时全额结算	CHAPS 有限公司	CHAPS 允许银行以资金账户或代表客户对其他银行发放由担保的、不可撤销的英镑信贷，结算通过在英格兰银行持有的清算账户进行	全国大额支付系统
TARGET	欧元	实时全额清算	由 18 个欧元区国家和 6 家欧盟国家实时全额支付清算系统（RTGS）和欧央行支付机制构成	处理欧盟国家间所有的欧元贷记转账业务，而且还能够为成员与 Euro1 系统、CLS 系统之间的欧元支付提供最终结算	大额支付清算系统

支付系统	币种	结算类型	管理机构	主要特点	备注
Euro1	欧元	类似于美元清算中的 CHIPS 系统，轧差清算	欧洲银行业协会（EBA）	基于单一支付报文和每条报文分别处理的当日支付系统	区域内大额支付清算系统
BOJ-NET	日元	实时全额结算	日本银行	结算银行债务，包括私营清算系统清算后产生的净债务	大额支付清算系统
FXYCS	日元	—	私营	外汇交易中日元的清算	大额支付清算系统
BCCS	日元	—	日本银行家协会	汇票和支票清算	小额支付清算系统
Zengin System	日元	—	日本银行家协会	零售贷记转账交易的清算	小额支付清算系统

第七节　人民币支付清算体系

（一）大额实时支付系统

大额实时支付系统是中国人民银行按照我国支付清算需要，利用现代计算机技术和通信网络开发建设，处理同城和异地跨行之间和行内的大额贷记及紧急小额贷记支付业务、人民银行系统的贷记支付业务以及即时转账业务等的应用系统。大额支付系统业务范围包括以下几方面。①一般大额支付业务：是由发起行发起，逐笔实时发往国家处理中心，国家处理中心清算资金后，实时转发接收行的业务，包括汇兑、委托收款划回、托收承付划回、中央银行和国库部门办理的资金汇划等。②即时转账支付业务：是由与支付系统国家处理中心直接连接的特许参与者（第三方）发起，通过国家处理中心实时清算资金后，通知被借记行和被贷记行的业务，目前主要由中央债券综合业务系统发起。③城市商业银行银行汇票业务：是支付系统为支持中小金融机构结算和通汇而专门设计的支持城市商业银行银行汇票资金的移存和兑付的资金清算业务。

大额支付系统采用支付指令实时传输，逐笔实时处理，全额清算资金的处理方式。2013 年，大额实时支付系统处理业务 5.95 亿笔，金额 2060.76 万亿元，同比分别增长 26.3% 和 16.3%。日均处理业务 236.3 万笔，日均支付金额 81776.26 亿元。

（二）小额批量支付系统

小额批量支付系统是继大额实时支付系统之后中国人民银行建设运行的又一重要应用系统，是中国现代化支付系统的主要业务子系统和组成部分。它主要处理同城和异地纸凭证截留的借记支付业务和小额贷记支付业务，支付指令批量发送，轧差净额清算资金，旨在为社会提供低成本、大业务量的支付清算服务。小额支付系统实行 7×24 小时连续运行，能支撑多种支付工具的使用，满足社会多样化的支付清算需求，成为银行业金融机构跨行支付清算和业务创新的安全高效的平台。

2013 年，小额批量支付系统处理业务 10.4 亿笔，金额 20.32 万亿元，同比分别增长 37.78% 和 9.52%。日均处理业务 295.53 万笔，日均支付金额 577.14 亿元。

（三）人民币跨境支付

目前，从资金清算路径上来说，人民币跨境清算支付主要有两种方式，分别为代理行模式和清算行模式。

代理行模式指境内银行作为跨境贸易人民币结算境外参加银行的人民币账户行，通过账户划转的方式为境外参加行提供人民币资金的跨境清算服务、为境内试点企业办理人民币跨境收付汇业务，该方式始于边境贸易人民币结算。

　　具体而言，境内代理行可为境外参加行办理的业务包括：①开立人民币同业往来账户；②对上述账户的开立设定铺底资金要求，并为铺底资金提供兑换服务；③在中国人民银行规定的限额内购售、拆借人民币以满足人民币结算需要；④按照中国人民银行规定的额度和期限要求，进行人民币账户融资以满足账户的临时性、流动性需求。这样，境外参与行接到当地企业的人民币结算申请后，可以按代理清算协议，由境内代理行向其提供人民币资金清算服务（见图12）。

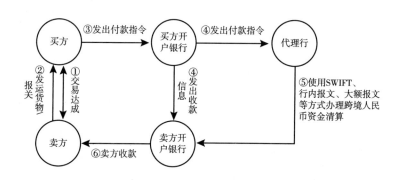

图12　境内代理行人民币跨境清算过程

　　清算行模式即港澳人民币业务清算行直接加入内地现代化支付系统，港澳地区银行通过清算行间接加入内地现代化支付系统，实现港澳地区与境内间的人民币资金清算，在这种方式下，中国现代化支付系统已延伸到境外。"清算行方式"始于港澳个人人民币业务，现已应用于跨境贸易人民币结算业务。

　　在跨境人民币结算清算行模式下，人民币业务的"境外清算行"一方面被授权与自愿接受清算条件和安排的港澳商业银行即"境外参加行"，签订人民币业务清算协议，为这些境外参加行开立人民币账户，并按协议为其办理人民币拆借和清算业务；另一方面与央行的大额支付系统连接，按照中国人民银行的有关规定从境内银行间外汇市场、银行间同业拆借市场兑换和拆借资金，与境内人民币市场建立人民币流通、清算的渠道。参与跨境贸易人民币结算的港澳企业可以向港澳的境外参加行（或直接向境外清算行）提出人民币结算申请，并由清算行最终完成结算业务。目前分别作为香港、澳门地区人民币业务清算行的是中国银行（香港）有限公司和中国银行澳门分行（见图 13）。

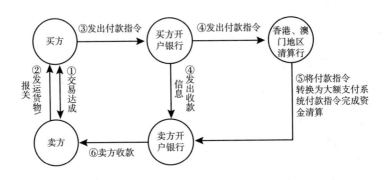

图 13 清算行模式下的人民币跨境清算过程

代理行和清算行模式共涉及境外参加银行、境外清算银行、境内代理银行和境内参加银行四个参与主体。境外参加银行指为境外客户（公司或金融机构）提供跨境贸易人民币结算或融资服务的境外银行，可以是外国金融机构，也可以是国内银行的海外分行，一般境外参加行会在境内代理行或境外清算行开有人民币清算账户。例如，香港地区的香港汇丰、渣打、花旗、南洋商业、集友等银行；澳门地区的澳门兴业银行等；东盟地区的越南外贸银行、印度尼西亚银行、菲律宾大众银行等。境外清算银行指经中国人民银行和当地金融管理局认可，已加入中国人民银行大额支付系统并进行人民币清算业务的商业银行。目前香港、澳门和台湾地区的人民币清算行分别为中国银行在当地的分行或办事处；新加坡的人民币清算行为工商银行新加坡分行，伦敦的人民币清算行暂时未定。境内结算银行（或境内参加行）指具备国际结算能力，为境内试点企业办理跨境贸易人民币结算或融资服务，办理国际收支申报的银行。境内代理银行指具备国际结算业务能力，与境外参加行签订人民币代理结算协议，为其开立人民币同业往来账户，代理境内、境外参加银行进行跨境贸易人民币支付的商业银行。

（四）人民币跨境支付存在的问题

目前，人民币跨境清算尚处起步阶段。由于境外尚未形成离岸人民币市场，人民币在境外使用渠道非常有限，人民币国际支付清算业务主要为跨境支付业务。与之相应，我国人民币跨境清算渠道也仅仅支持跨境支付业务，尚未形成严格意义上的人民币国际清算系统。当前的人民币跨境清算需要通过国内的现代化支付系统来完成，虽然现在的清算渠道能够支持代理行和清算行两种方式的跨境支付清算业务，但清算渠道比较分散，不利于监管部门全面掌握人民币国际流动情况。同时，人民币跨境清算渠道独立性不强、自动化程度不高，金融信息安全难以保障。

随着业务发展，现行跨境人民币清算面临的问题日益突出。一是现行跨境人民币清算安排下，港澳人民币业务清算行、境内代理银行和境外机构境内开户银行均通过中国人民银行跨行支付系统办理跨境人民币业务，容易将境外风险传递给境内银行和支付系统，难以形成境内外人民币业务清算风险的有效隔离。二是随着人民币境外流通范围扩大，人民币跨境清算面临时差问题。现行跨境人民币清算主要依托人民银行跨行支付系统，由于系统运行基于国内工作时间，与中国不在同一时区特别是时差较大的欧美地区的银行，工作时间处理跨境人民币业务就存在时差问题。

（五）人民币跨境支付系统建设

因此，为了进一步整合现有人民币跨境支付结算渠道和资源，提高跨境清算效率，满足各主要时区的人民币业务发展需要，提高交易的安全性，创造公平的市场竞争环境，中国人民银行在 2012 年决定组织开发独立的人民币跨境支付系统（CIPS）。

CIPS 的全称是 Cross-border Inter-bank Payment System，主要功能是处理人民币跨境支付业务，可以比照美国支付体系 CHIPS 来理解。CIPS 业务处理时间和业务类型均独立于人民币大额支付系统（CNAPS），CNAPS 主要为境内银行业金融机构和金融市场参与者提供跨行人民币资金清算服务，是境内跨行人民币资金汇划的主渠道，对应美联储支付系统 Fedwire。因此可以说，我国未来的支付体系类似于美国，但不同于日本。

CIPS 和 CNAPS 系统相互独立，但互联互通。境内机构可以作为这两个系统的直接参与者，而境外机构将不再与 CNAPS 直接相连，而作为 CIPS 的直接参与者或者间接参与者。

人民币跨境支付系统有四项功能：一是连接境内外直接参与者，处理人民币贸易类、投资类等跨境支付业务；二是采用国际通行报文标准，支持传输包括中文、英文在内的报文信息；三是覆盖主要时区人民币结算需求；四是提供通用和专线两种接入方式，让参与者自行选择。未来，清算行将不再是境外人民币的主要"出路"（回流机制）和离岸人民币存款的定价基础，这些功能将由 CIPS 承担。同时，也将不再完全依赖 SWIFT 传递报文，金融安全性和独立性将会取得大幅提高。

第 | 二 | 章 |

主要国际金融中心建设与
跨境清算体系

第一节　主要国际金融中心发展历程

（一）伦敦作为国际金融中心的发展历程

伦敦国际金融中心作为历史悠久、声誉较高的国际金融中心，有将近200 年的历史，具有一个完备而富有经验的金融市场体系。早在 19 世纪30 年代末，英国完成了工业革命，政府推行的自由贸易政策，促进了经济的对外扩张，使之成为当时最大的工业制成品输出国和海外投资国，英镑成了世界上最广泛使用的货币。由于英国在国际贸易和金融中处于统治地位，英国的政治和经济中心——伦敦，也就成了世界贸易的枢纽和国际资金的交易中心。

第一次世界大战前，伦敦一直是世界上最大的国际金融中心。经过两次世界大战，英国的经济实力大大削弱，金融环境也十分脆弱，导致了英国国际金融市场的地位下降，其第一金融中心地位逐渐被纽约取代。但由于伦敦金融市场历史悠久，联系广泛，金融体系结构健全，经营方式多样，设备先进，通信交通发达，有经验丰富技术熟练的业务人员，因而伦敦仍然是最重要的国际金融中心之一。20 世纪五六十年代由于冷战期间美国实施的资本管制等原因，欧洲美元市场在伦敦得到了迅速发展，伦敦也因此成为世界最重要的欧洲美元市场。

20 世纪 70 年代以来，国际货币金融领域危机迭起，变化剧烈，伦敦国际金融中心的传统地位不断受到挑战。70 年代初以美元为中心的布雷顿森林货币体系崩溃后，整个国际货币金融关系出现多中心和建立地区性集团的趋向，新兴的离岸金融中心相续形成和壮大，特别是纽约和东京等国际金融市场的迅速崛起，削弱了其传统地位，形成了有利竞争。

20 世纪 80 年代随着世界其他国家的金融中心业务蓬勃发展，英国金融行业因缺乏竞争活力而面临进一步丧失在全球领先地位的危机。英国为此进行了重大的金融改革。改革奠定了目前英国金融业繁荣的坚实基础。近几年，一度被认为衰落的伦敦金融城迅速发展，势力范围不断扩大，昭示伦敦重新获得并强化了国际金融中心的地位，缩短了与美国的距离，在某些方面甚至超过了纽约华尔街。进入 21 世纪，伦敦金融城启动全球化战略，全力打造全球化的国际金融中心，在当今国际金融中心格局中伦敦仍扮演着举足轻重的角色。

（二）纽约作为国际金融中心的发展历程

300 多年前，纽约发源于北美殖民地的一个小小的贸易前站。17 世纪中后期，无与伦比的天然优势给纽约带来了商业和贸易的繁荣，由 21 个经纪商和 3 家经纪公司签订的"梧桐树协议"成为纽约股票交易所的起源。18 世纪 90 年代，尽管纽约的发展速度远远快于费城，但后者依然是美国的金融中心。南北战争中，因为华尔街成功帮助北方政府进行了大规模的战争融资，使其最终战胜了在财政上陷入困境的南方政府，之后纽约一举击败其他城市，在国内遥遥领先。

纽约作为国际金融中心是在国内金融中心的基础上发展起来的。一战爆发时，当伦敦交易所宣布暂停交易时，全世界所有的交易一下子汇聚到纽约华尔街，在经历了短暂的恐慌后，华尔街迎来了历史上最大的一次牛市。对金融资源的争夺，成为交战双方一个重要的制高点。纽约把握住了这个机遇，迅速发展成为世界金融体系的中心，包括伦敦在内的世界其他金融市场，从此都在围绕这个中心运转。到1865年美国南北战争结束时，纽约正式成为美国金融中心，也是仅次于伦敦的第二大金融资本市场。第一次世界大战结束后，随着世界经济重心逐渐从欧洲转向美国，美元取代英镑成为最主要的国际储备货币，加上美国联邦储备体制的建立和金融制度的完善，纽约超越伦敦成为世界第一大金融中心。第二次世界大战和战后的经济繁荣进一步巩固了纽约世界金融中心的地位。

纽约国际金融中心发展中所遇到的第一次挫折始于20世纪30年代大危机。纽约股票交易所点燃了危机的导火线，然后殃及自身，股票价格暴跌，银行纷纷倒闭，纽约国际金融业务也理所当然地近乎停滞。接踵而来的是第二次世界大战。战后，以"马歇尔计划"和"第四点计划"为支柱的官方资金借贷成为国际资本移动的主要形式，即使是50年代中的私人资本活动也主要采取直接投资方式。因此纽约的国际金融业务一直难见转机。

进入20世纪60年代，西欧和日本经济迅速复兴，实力增强，国际经济活动遂由"单向"变为"双向"和"多向"，纽约国际借贷业务日益增加，到1963年，外国人在纽约市场发行的国际债券累计达140亿美元，纽约一跃成为世界最大的资本供应市场，达到了纽约金融业务发展的第二个里程碑。

纽约国际金融业务发展的同时，美国经济状况却相形见绌。从50年代初期起，美国国际收支长期处于逆差状态，以致1960年爆发了第一次美元危机。为了阻止美元外流，改善国际收支状况，美国政府自1963年起实行了"利息平衡税"等管制政策，结果却适得其反，美国许多跨国公司不再把海外盈利资金寄回国内，而是用于再投资和海外存款，纽约许多大银行也设法把过剩资金转移到国外，并开设海外分行。纽约国际金融中心的地位日见削弱，西欧和加勒比海、中东、东南亚的离岸金融中心却迅速崛起。纽约作茧自缚，进入第二次低潮。

1973 年石油涨价后出现石油美元回流问题，美国政府不得不考虑美国银行在这方面的作用，乃于 1974 年 1 月取消"利息平衡税"，纽约的国际金融业务才得以步入第三个发展阶段。

纽约国际金融中心以美国的强大经济为基础，通过"大萧条"时期的自我完善，在第二次世界大战之后，以美元作为世界货币这一标志性事件最终确立。美元作为世界上主要的世界货币，便于各国进行贸易交易。同时，纽约联邦储备银行也开展了更多的金融业务，不断适应这一新形势。纽约的金融业不断发展，纽约国际金融中心也在以美元作为主要货币的前提下最终确立。

（三）纽约和伦敦国际金融中心的发展比较

比较伦敦和纽约国际金融中心的发展历程，有许多相似之处，总结起来主要有以下几点。

第一，强大的国家综合国力作为基本的依托。19 世纪开始，经过资本主义制度的建立与逐步的成熟和第一次工业革命带来的生产变革，英国经济取得了极大的成功，成为了全球经济的中心，"日不落"帝国凭借着经济优势吸引了大量的资本进入伦敦，伦敦金融城当仁不让地成为 20 世纪初全球最重要的金融中心。第一次世界大战前夕，伦敦拥有世界上最多的货币资本和全球唯一的国际性证券市场。美国在二战后相对国力迅速上升，成为世界超级强国，经济实力全球第一；而同时，欧洲在二战后实力则大为削弱。美国以英语为母语，也更容易在国际事务中发挥领导作用。纽约得益于这些基本事实，金融资本迅速发展，超越伦敦成为了全球的金融中心。

第二，本国货币的国际货币地位。无论是英镑还是美元，在本国经济强大的时候都成为了国际主要货币。作为最主要的结算货币，各个国家对英镑和美元依赖性很大。纽约和伦敦也成为本国货币的结算中心。伦敦和纽约成为全球金融中心与英镑和美元的国际地位直接相关，它们互相促进，互为条件。

第三，成熟的法律和监管。英国和美国的资本主义经过几百年的发展，各个方面都已经相当成熟。美国和英国都拥有一个有法可依并且严格实行的法律和监管环境，特别是其英美法系的私法、商法，包括公司法、证券法、合同法严密且明确。这些法律十分重视保护私有产权和投资者权益，是金融活动必不可少的条件，也是美国和英国之所以能够吸引大量外国投融资者的重要经验之一。

第四，重要的历史机遇。一战和二战带来的欧洲的破败使得伦敦的金融中心地位急转直下，伦敦开始走下坡路。而这些历史事件却使得美国纽约迅速上位，同时大量的资本从战乱的欧洲逃往美国。纽约迎来了历史上最大的一次牛市，使其能够击败伦敦成为世界最重要的金融中心。20世纪冷战的爆发，欧洲美元市场在伦敦的形成和发展使得伦敦的金融再次迸发出新的活力，伦敦再次成为世界金融界瞩目的焦点。这样的历史发展是人们所不能掌握的，倘若历史不是如此，今天的世界金融格局或许会有所不同。

但两者仍有许多不同之处。

第一，地理位置与历史发展不同。伦敦以欧洲大陆为依托，在英国经过工业革命后，随着英国国力的提升，迅速发展成为欧洲的金融中心。正所谓成也萧何败也萧何，伦敦的衰落同样也是因为欧洲的战火连连。今天的伦敦虽然仍然是全球最重要的金融中心之一，但是其起起落落，也算得上饱经风霜。纽约成长为国际金融中心，则显得有些偶然，虽然在一战前，纽约已经成为了美国国内的金融中心，但是其对伦敦的地位，并不能构成威胁。而两次世界大战，主要的战场在欧洲大陆，美国本土没有经受一丝战火，从而大量资金涌入纽约，使得纽约一举超过伦敦，成为全球最大的金融中心。

第二，金融市场发展的主要依托点不同。与纽约全球金融中心主要服务于国内经济的特点不同，伦敦是一个国际化程度很高的城市，它专注于把全世界的资金提供者和资金需求者吸引到这里来进行交易，伦敦的欧洲市场是世界上最大的跨境投融资市场，以至于伦敦国内的资本市场都相形见绌。而对于美国而言，20 世纪七八十年代，美国的外国银行数量增长相当迅速，1975 年美国银行的外国资产大大超过外国银行在美国的资产，但到了 1987 年，这两个数字大致持平。尽管纽约的国际化程度在 80 年代后增长如此迅速，但服务于国内经济仍然是金融机构运营的主要特点，"虽然纽约多数银行的股东中都有外国机构，但银行的主要营业对象仍然为美国客户"。

第三，金融发展的传统优势不同。伦敦市场吸引投资者和融资者的一个主要原因就是管制很少，20 世纪 80 年代中期以后，由于其他发达国家也逐渐放松了管制，欧洲市场的吸引力有所下降，此时伦敦不失时机地实行金融大爆炸改革，从而使伦敦从一个逐渐失去活力的金融中心重新焕发了生机。同时伦敦是最活跃的离岸金融市场，大量的欧洲美元等在伦敦市场进行密集的交易。而 80 年代中期之后，纽约的地位相对下降了，这主要是由于欧洲的一体化进程加快导致伦敦地位的上升，使伦敦成为全球最为活跃的金融中心，在多个市场上都超过了纽约。不过，纽约仍然是创新性产品的主要中心，仍然吸引着那些寻求最尖端技术的机构来到这个全球最具流动性的市场，而且相对于伦敦和东京而言，纽约的商务成本更低，包括租金、房地产税、维护费用等都比前两者低很多，这些都是纽约金融中心发展的有利因素。

第二节　纽约和伦敦国际金融中心的发展对上海的启示

从伦敦与纽约的发展历程分析可以看出以下几点。

（一）一国国际金融中心的建立必将伴随其货币的国际化

伦敦金融市场是世界上历史最悠久、规模最大的国际金融中心。19世纪，大英帝国称霸世界，英国被称为世界的工厂，伦敦被视为世界的银行，英镑成了最主要的国际贸易结算货币。第二次世界大战以后，英国的政治、经济实力逐渐衰弱，美元成为主要的国际储备和结算货币，伦敦的金融中心地位有所削弱，但伦敦还是世界主要金融中心之一。作为国际金融中心，伦敦金融市场具有交易量大、做法灵活、方式多样化、适应能力强等特点。

纽约国际金融中心是现今世界上最重要的国际金融中心之一。其形成和发展与纽约独特的经济、地理位置和两次世界大战密切相关。纽约国际金融中心是由于它在美国经济发展中处于重要的经济、地理位置而逐渐形成的。1810 年纽约就已取代费城，成为美国国内最大的金融和商业中心。二战后，纽约金融市场在国际金融领域中的地位进一步加强，美元逐渐取代英镑成为主要的国际清算和储备货币，使得二战后纽约在国际金融中的影响力逐渐超过了伦敦，从而确立了纽约成为国际金融中心的地位。由于其在金融服务水平、科技实力、设施状况等方面都排在世界前列，因而其国际金融中心的地位也处于一个长期较稳定的状态。美国经济增长迅速、美元地位加强以及美国联邦储备体系的建立等是纽约国际金融中心地位稳固的重要保证。二战后，欧洲许多金融中心，如巴黎、柏林尤其是伦敦受到战争的严重影响，地位下降，欧洲许多国家的货币动荡不稳，尤其是英镑汇价波动剧烈，伦敦作为国际金融中心的吸引力减弱，因而纽约国际金融市场得到迅速的发展。

国家的货币地位成为一国金融中心的重要支柱。传统的国际金融中心是指以本币作为国际金融交易货币、以资本输出功能为主的国际金融中心，如第一次世界大战前的伦敦、二战期间和二战后到20世纪60年代中期的纽约以及80年代的东京都属于这种传统性国际金融中心。这些国际金融中心的崛起都与本国货币成为主要的强势国际货币相联系。第二次世界大战结束以后，美元成为世界中心货币，世界经济史上的"美元匮乏"造成只有美元才能在全球规模上输出资本，美元成为纽约国际金融中心发展的支柱。

（二）一国国际金融中心同时也是清算中心

从纽约、伦敦、法兰克福、东京、香港国际金融中心支付清算体系的比较分析来看，国际金融中心必然是国际支付清算中心。当今主要国际金融中心支付清算体系的改革与发展，集中呈现出"国际化、标准化、同步化、集中化、银行化"五大趋势。

主要国际金融中心的支付清算体系构建模式和发展状况既有国家特色，充分表现了各国在支付清算安排中的独立自主性，也注重了不同支付清算系统和网络之间的通用性和跨国性，力求通过各种先进的支付清算制度和技术来不断适应国际货币自由兑换和国际金融市场一体化发展的要求，从而进一步提升国际金融中心的基础竞争力。大致来讲，发达国家的支付清算体系主要包含四个层次，一是商业银行之间代收代付的资金清算层；二是一定区域内的支付清算层；三是连接各区域之间的全国性支付清算层；四是连接全球支付清算网络的支付清算层。其中，国际金融中心主要集中了第三和第四个层次的支付清算系统和网络，由于系统和网络的通用性及跨国性，这两个层次的支付清算系统和网络往往又是统一的，兼具辐射国内和国际的双重效能。

具体而言，当今国际金融中心支付清算体系的建设和发展内容主要涉及六个方面：扩展支付清算工具和服务的范围；提高成本效益性，特别是在运营成本、流动性的获得和使用方面；加强银行业、支付清算和证券基础设施的兼容性和应变能力；更好地控制支付清算基础设施中的法律、运营、金融和系统性风险；建立一个更合适的支付清算体系的监督管理体制；加强支付清算服务市场的效率和稳定。需要指出的是，随着国际金融中心金融市场体系的不断健全和完善，支付清算系统对于不同的金融市场有着不同的关注和建设重点。在货币市场上，支付清算系统不仅要提供及时、廉价、安全的大额资金汇划功能，还必须与中央银行公开市场操作（OMC）系统无缝连接，以便通过支付清算系统及时、有效地调节市场的货币总量。在资本市场上，支付清算系统建设必须关注资金转账和簿记转账的及时性和稳定性，力求完全实现券款兑付（DVP）模式，在提高资本市场交易效率的同时防范随时可能产生的信用和流动性风险。在外汇市场上，则需要构建不同币种的同步交收（PVP）模式，防范因时区因素引发的外汇交易风险。实际上，传统金融市场的分界线在国际金融中心的集聚和整合下已经不那么清晰，这对原有市场格局下的支付清算系统布局提出了更新、更高的要求，不仅需要在符合货币、资本、外汇以及期货市场发展规律的基础上提高支付清算系统跨市场、跨国界的通用性，考虑到金融衍生交易的特殊性和复杂性，有关支付清算制度、技术、法律等方面的安排还必须进行专门筹划和布局，这既是适应国际金融中心整体运作效率不断提高的需求，也是对金融市场高效运行的促进和保障。

上海支付清算体系作为全国体系的一个有机组成部分，主要由大额实时支付清算系统（HVPS）、小额批量支付清算系统（BEPS）、上海区域性票据交换系统（LCH）以及中资商业银行行内汇兑系统构成，这也是目前上海人民币支付清算系统的四条主干道。此外，上海还建有全国性的城市商业银行资金清算系统、中国银联信息处理系统以及相关全国性金融市场的内部结算系统，目前这些系统均未纳入支付清算组织进行统一管理。由于近年来中央支付清算体系建设注重的是"北京－全国"模式，上海没有开展地方性投资，支付清算体系建设的"地方赤字"直接导致上海支付清算体系的辐射广度和深度非常有限。当前，上海支付清算体系的辐射广度还没有覆盖长三角，以上海为基点直接连接全国的支付清算网络几乎没有；辐射深度也只是个别金融市场，一些重要的金融市场不仅至今没有设立相应独立的清算组织，而且相互之间托管和结算系统的分割也非常严重。

未来上海构建连接国内国际金融市场的资金高速公路，需要从以下几方面入手。

一是要明确上海国际支付清算中心的战略发展目标，规划和确立上海支付清算系统的优先发展次序，并与其他相关国际金融中心建设项目统筹安排。面对人民币在周边国家和地区乃至亚洲日益成长为强势货币，以及人民币资本项目可兑换进程不断加快的现状，上海国际金融中心的支付清算体系建设必须站在与国际标准接轨以及有效支持人民币跨境支付的高度，整体规划和构建多币种支付清算系统以及本币与外币支付清算系统之间的同步交收 PVP 渠道，为境外投资者进入我国金融市场以及我国投资者进入境外金融市场提供支付清算通道，使上海真正成为紧密联系境内各金融市场和连通境内境外金融市场的纽带。

二是要遵循金融市场化发展的基本思路，在解决"基础的基础"问题上发挥央行的核心作用。一般而言，中央银行在支付结算体系建设中的作用主要体现在三个方面：一是制定总体建设规划和必要的法律、法规及技术标准；二是拥有和运行对社会经济及金融市场发展至关重要的核心系统和网络，为金融机构和金融市场提供服务；三是监督和保障基础系统及网络的安全运行。中央银行应该在解决这三个"基础的基础"问题上发挥核心作用，而不应过多地直接参与支付结算市场的运行。客户应该根据不同的偏好和成本选择不同的支付结算系统和工具，市场竞争才是保证服务效率最高的最好方式。这种金融服务市场化发展思路的出发点，就是要在支付结算体系建设和运营中，适应市场要求，有序推进不同所有制清算组织的发展和壮大。

三是要大力支持上海金融市场清算所的发展和整合。在实际运作中，交易所和清算所因为利益不同往往有不同的观点，交易所通常希望交易量的增加，因而希望保证金交易中的保证金订得低一些；而清算所为了交易的最终安全结算，希望保证金订得高一些，以降低违约亏损的风险。因此，清算所实际上是交易所发展的一个制衡力量，支持清算所的发展有利于金融市场的平稳运行。支持清算所发展还要促使其向银行化发展，因为一旦清算所银行化，清算所就可以作为支付清算中的"对手方"存在，对于资金在途以及其他原因可能造成的交收失败，清算所能够建立在持有证券资产抵押的基础上进行资金融借，进一步保证市场交易清算的连续进行，同时也便于结算指令直接从银行账户中汇划资金。当然，清算所的地位主要取决于交易清算规模、交易所与结算、清算组织的配合度以及风险的最终承担角色，所以支持清算所发展还需要推动各类相关性金融市场之间的清算所整合，以实现清算所的规模经营效益和承担风险的实力。

第三节　上海成为国际金融中心和清算中心的潜在优势

早在 20 世纪 20 年代初，上海凭借其优越的地理条件、贸易中心的地位和对外开放，迅速发展成为远东最重要的国际金融中心。1949 年以前，上海曾是远东第一金融中心，无论股票、黄金、外汇等金融市场规模均雄踞亚洲之冠。当时的上海云集了亚洲最大的交易所，中央金融监管部门，中央四大行的总部，国内排名前十位的银行如北四行、南三行的总部及不计其数的保险、信托公司的总部等。

未来随着中国人民币国际化进程的加快，上海重建国际金融中心的必要性和紧迫性愈发凸显，相对来说，上海建立国际金融中心存在着许多优势。

（一）优越的经济地理位置

上海位于太平洋的西岸，是中国海岸线和长江的交汇点，上海扼长江黄金水道之咽喉，黄浦江两岸则具有天然良港之优势，越海过洋，能和世界各大洲的重要港口遥相呼应，出洋往返最为便利。1992 年，上海港货物吞吐量达 1.63 亿吨，是世界上少有的亿吨级大港之一。上海目前虽受到水浅及长江的栏门沙等限制，但若与舟山港紧密合作，开发舟山港为转驳港，则上海成为国际贸易与航运中心的障碍可望消除。从世界时差看，上海恰好位于纽约和伦敦之间，可联结东京、新加坡和香港等国际金融中心，因而能延续全球的金融交易活动。

（二）较好的技术基础设施

上海的邮电通信和交通条件近年来不断得到改善，并已粗具规模。如1992 年上海的电话容量已达到 10 万门。尤其是上海正通过浦东的开发与开放，逐步朝着现代化国际经济、金融、贸易中心所要求的市政建设、基础条件水平发展。上海正在建成全球性的四通八达的立体交通枢纽，包括24 小时全天候服务的国际一流航空港、海港、高速公路、地铁、立体交叉公路设施；通过浦东的开发与开放，正逐步使上海拥有全套的与国际经济、金融、贸易中心相匹配的商务办公楼群。作为曾经的世界第五大时尚之都和全球三大商都之一，上海的商业环境、氛围和底蕴在国内更是无人能出其右。上海金融机构近年来的电子化建设发展异常迅速，正朝着建成具有世界一流的现代化通信系统和设备的卫星通信网络并提供优质通信服务的方向发展。

（三） 近年来经济发展迅猛

上海近年来所取得的成就令人瞩目。1992 年上海工业总产值、工业销售值和工业增加值三项主要指标都比上年增长了 20% 左右，创近 27 年来最高纪录。1993 年，上海 GNP 已达 1510 亿元，增长率达 14.9%，超出了亚洲四小龙经济起飞阶段平均 8% ~10% 的发展速度。2009 年，上海市 GDP 达到 1.49 万亿元人民币，超越香港。人均 GDP 及人均可支配收入比均居全国各省区及直辖市首位。从总体上讲，一个由商品流通、资金流通和生产要素流通三方面构成的市场经济体系正在逐步形成。上海历来是全国经济中心，已具备的经济实力为其进一步成为国际性金融中心提供了必要的基础。

（四） 以浦东开发为龙头的对外开放步伐日益加大，外向型经济发展迅猛

近年来，浦东开发开放力度不断加大，多种融资渠道逐步形成，上海日益向国际外向型经济城市发展。浦东新区国民经济持续高速增长。1993 年，新区 GNP 达到 164 亿元，比上一年增长 30%，高于全市平均水平 15.1 个百分点。新区出口达 10 亿美元超过原计划 70%。与此同时，上海的外向型经济也取得了巨大成就，1993 年上海外贸出口额达 13.82 亿美元，上海累计批准外资项目 4000 多个，实际吸收外资达 51 亿美元；1993 年成为海外对华直接投资的热点。同时，大批上海企业跨国经营，投资领域相当广泛。上海在开发浦东过程中引进了 20 多家外资金融机构，随着浦东开发速度的加快，政策的不断开放，正吸引越来越多的跨国银行和跨国公司进驻浦东。上海 1993 年新开设外资银行分行 7 家，外资银行累计已有 28 家，外资金融机构开设上海代表处 59 家，世界著名大银行美国花旗银行正式将其中国区总部从香港迁至上海。总部级中外资金金融机构、

功能性金融机构、外资和合资金融机构的分支机构等加快向上海聚集。2011 年，上海金融市场交易总额达到 418 万亿元，较 2005 年增长了 10 倍。外国大银行和大公司的进入，将带来大量直接投资，也将带来一套现代金融管理体制和竞争机制，带动其他行业发展。

（五）新的金融格局正在形成，各类金融市场不断开拓并逐步形成体系

上海的金融业经济总量居全国第一。截至 2011 年年底，在上海的各类外资金融机构达到 400 家，花旗、汇丰、渣打等一批国际知名银行将其中国法人银行总部设在上海，国际主要保险公司、国际主要投资银行等纷纷在上海设立分支机构。目前，银监会系统批准工行、农行、中行、建行、交行、招行、浦发银行及上海银行设立自贸区分行，批准交银金融租赁公司筹建自贸区专业子公司，批准花旗、星展等 2 家外资银行筹建自贸区支行。上海金融业呈现了一派繁荣兴旺景象：金融秩序稳定，金融市场活跃，各项存款大幅增长，外汇汇率基本稳定，金融对外开放进一步扩大，这些都为上海建立国际金融中心奠定了坚实的基础。

（六）拥有众多的全国一流的国际金融人才

金融业是人才密集型的产业，未来的竞争主要在于人才的竞争，上海在这方面具有巨大的增长潜力。从全国来讲，上海的金融人才队伍最整齐，这无疑为上海国际金融中心的建立和发展准备了较好的人才条件。上海吸纳的海归人才数量同样位居国内第一，全国每年至少有四分之一以上的海归人才选择到上海工作创业。亚洲第一商学院中欧国际工商学院（CEIBS）也坐落于上海，上海正通过国家计划培养和金融机构自我培养，以及组织出国深造和去国外金融机构实习的方式，培养一大批外语基础扎实，专业知识熟练，了解国际惯例，熟悉中国国情的高级金融人才。同

时，外资银行进入上海，也形成了一种国际竞争环境和学习环境，培养出了一批业务能手和国际金融人才。

（七）浦东开发和开放提供了较宽松的政策环境，一整套符合国际惯例的法律法规正在酝酿出台

浦东开发及相应的优惠政策，是上海成为国际金融中心最有利的因素之一，若能选择适当时机，将浦东新区的优惠政策扩大到整个上海，则必将对上海建成国际金融中心形成极大的推动作用。政策是第一推动力。规范化和行之有效的法律和规章制度是金融市场良好运行的保证。按照国际标准，我国正在酝酿和出台一套严密、公平、稳定的金融法律，如《银行法》《抵押法》《经纪人法》《票据法》等，与之相配套的服务体系如会计、审计、咨询等也正向国际接轨。

（八）国际环境将为上海建成国际金融中心提供良好的外部条件

虽然上海建成国际金融中心面临种种困难和竞争压力，但从战后世界金融发展的实际情况看，在同一地区同时存在几个相互竞争和互相补充的国际金融中心还是完全可能的。世界经济重心已向亚太地区转移。各国资本短缺与剩余并存的现象更加普遍，资本的跨国界融通成为经常性要求。尤其是亚太地区由于基础条件与发展起点的差异，使这个地区的经济互补性与合作前景更优于其他地区，上海位于太平洋西岸的中部，随着中国经济在亚太经济圈中地位的提高和亚太经济在世界经济中地位的提高，上海将会成为联结亚洲、美洲和欧洲经济的一个新的中心点和交汇点。从国际金融市场看，西方普遍的低利率也促使资金流向经济发展较快，前景广阔，利率较高的亚太地区。由于我国的对外开放政策作为一项基本国策将会得到长期贯彻，中国作为一个"有利可图"的市场，始终对国际资本

具有较大的吸引力，上海金融业的振兴以及浦东的开发开放，也必将吸引越来越多的跨国银行和跨国公司到上海投资。

此外，上海自贸区在推动人民币国际化进程中也将发挥巨大作用。上海自贸区金融安排的核心被认为是形成离岸人民币市场和在岸人民币市场的连接桥梁，做到"一个账户""一个市场"，一个市场即为人民币市场，一个账户就是回流内地的账户。如果这个市场形成，当人民币可以自由买卖，货币是自由化的，利率是汇率的平价，那么利率也就可以市场化，当一个账户的流动管理额度可以回到陆家嘴，随着额度的逐渐放大，它的资本项下的开放就能逐渐做到，那么这就意味着人民币全面的可兑换终将实现。从这个意义上来说，上海自贸区的发展是非常有前景的，上海可以进一步加快人民币的发展，一是在机构方面加快服务贸易的开放；二是发挥上海现有各类交易所的作用，尤其是商品交易作用，提升人民币定价的大宗商品和金融资产的国际接受度。在产品方面，应该鼓励境外机构在上海发行熊猫债，探索境外企业在上海资本市场以人民币上市。金融基础设施方面，梳理和解决上海作为国际金融中心适用法律和国内法律的差异；帮助央行在上海的 CNAPS 系统建设，加快形成全球人民币清算系统；鼓励金融机构完善并使用 SHIBOR 定价机制以巩固其在利率市场化中定价基准的地位。

第四节　上海国际金融中心建设措施

（一）积极稳妥推进人民币国际化

一个国家经济实力的飞速增长，必然推动本国货币走向国际化。目前，人民币仅是国际上的小币种，这与我国发展中大国的经济地位极不相称，也与我国经济持续较快发展的要求不相符。要抓住国际经济金融一体化、国际货币体系多元化进程加快的机遇，有步骤有计划地推动人民币国际化。短期内，要加快推进人民币用于国际贸易结算试点，推进我国对外贸易、对外投资、对外劳务承包等以人民币计价，帮助企业锁定汇率风险。初期可以选择周边国家（地区）贸易、投资往来密切的企业开展试点。在试点成功的基础上，逐步扩大到与我国有贸易关系的国家。同时，通过贸易融资、对外投资等加快人民币输出步伐，以解决国外交易方缺乏足够人民币资金用于结算的问题。中长期，要着力提升人民币作为储备货币和国际货币的功能，稳步推进人民币资本项目可兑换，并最终实现人民币和外币在任何地点任何时候的自由兑换，使人民币在国际货币中占有相当比例，并承担起计价、支付、投资、储备等国际货币职能。

与推进人民币国际化相适应的是要加快人民币清算体系建设。纽约、伦敦、香港的经验证明，国际金融中心也必然是国际清算中心，支付清算体系在国际金融中心建设中发挥着基础性"平台"作用。要创新和优化人民币清算功能，在上海设立人民币清算机构，争取成为人民币清算中心，进一步拓展上海国际金融中心的功能内涵和影响力。同时，要从监管制度上加强人民币国际化进程中的风险管理。

（二）加快构建多层次资本市场体系

我国资本市场结构存在的突出问题，一是市场结构不合理，直接融资比重偏低。据统计，过去10年中国企业直接融资比重，包括股票、企业债券、公司债券，一直徘徊在10%左右，而同期日本、德国、美国企业的直接融资比重达到50%～70%。二是直接融资中股票市场发展较快，债券市场发展明显滞后。发达国家的公司债券融资比例往往是股票融资的6～7倍，而2008年我国公司债券仅占直接融资总额的30%左右。三是市场之间不连通，银行间市场、交易所之间的连接没有打通，资金、资源难以流动。要加快构建多层次资本市场体系，在进一步巩固发展主板市场的同时，大力发展债券、期货、各类金融衍生品、创业板、柜台转让等资本市场，积极发展证券投资基金、社保基金、保险资产管理公司、企业年金等各类机构投资者。

当前，特别要加快发展债券市场，以解决目前我国直接融资比重过低的问题，开辟新的融资渠道，服务于我国经济"保增长、扩内需、调结构"的需要，进一步完善多层次资本市场体系。要着力扩大企业（公司）债券发行规模，改革发行办法，扩大债券市场准入范围，简化企业（公司）债券上市手续。要加快推进地方政府债券发行，目前可采取由中央政府代地方政府发行的做法，地方政府作为偿债主体并由地方财政收入作担保。积极探索发展市政项目收益债券、外币债券等其他类型债券。要促进国债一、二级市场建设及其协调发展。同时，加快完善债券市场的监管体制和发行体制，加快银行间债券市场、交易所债券市场产品和投资人的互联互通。

（三）推进期货市场品种创新发展

期货及其相关衍生品具有价格发现、风险转移等功能，是国际金融市场体系中不可或缺的一环，也是上海国际金融中心建设中极为重要的组成部分。我国是大宗商品的主产国及消费国，但由于国内期货市场起步较晚，大宗商品的现货价格基本为美国等发达国家所掌控。定价权缺失导致每年我国进口原油、铁矿石、大豆等大宗商品的损失达到数百亿元人民币。加快培育和发展期货市场，有利于增强国家战略物资储备，确保国家经济安全；有利于完善我国金融市场体系，增强金融集聚辐射功能；有利于在我国形成大宗商品国际定价中心，为企业规避价格风险。

当前，我国期货市场现有品种较少，不能完全覆盖国民经济的重要产业。特别是传统商品期货中的原油、有色金属、煤炭、天然气等品种缺乏，对相关行业的发展造成不利影响。这次全球金融危机导致世界经济格局变革，将大大增加我国对资源性商品进口的议价能力，为增强我国在重要商品上的定价权提供了难得机遇。要抓住这一机遇，加快期货品种开发与创新，加快研究推出石油、煤炭、天然气等期货，使我国成为重要的能源定价中心之一，也为国内企业套期保值、锁定成本开辟新渠道。要做好钢材期货上市交易，进一步深化细化钢材品种，扩大市场功能。要抓住当前金融危机契机，及时推出股指期货，为机构投资者提供有效的避险工具，平抑资本市场波动，有效化解市场的系统性风险。

（四）大力发展私人股权投资

私人股权投资的运作依托和服务于实体经济，是金融创新与实体经济有效结合的重要途径。发展私人股权投资，有助于拓宽我国直接融资渠道、优化金融结构；有助于加快发展服务经济、促进产业结构调整和经济转型；有助于提升我国经济运行效率、降低金融风险；也有助于完善多层次资本市场体系、促进金融市场全面协调可持续发展。目前，我国发展私人股权投资已经具备了比较有利的条件和基础。一批产业基金相继获批试点，国际主流 PE 机构如凯雷集团、黑石等已进入我国，相关法律环境不断完善，市场需求和融资基础较好。要抓住当前有利时机，聚焦突破，把上海打造成中国的 PE 中心。

发展私人股权投资要重点解决以下几个问题。一是尽快推出创业板市场，设计有别于主板市场的上市标准、交易制度、监管要求等制度安排，鼓励私人股权基金培育更多新兴高科技企业在境内上市。二是尽快推出柜台交易市场，规范私人股权基金所投项目股权转让。可以在上海建立主要面向长三角地区的非上市公众公司股份柜台转让市场。三是集聚国内外私人股权投资基金和专业 PE 人才，建立与国际通行规则相衔接的金融人才激励、开发机制等制度。四是有必要建立统一的、规范有序的产权交易市场，完善产权交易市场信息披露、价格发现、撮合交易等功能，为私人股权基金提供投资机会和退出渠道。五是加快出台私人股权投资配套政策，特别是非限制性条款和税收优惠政策，建立和完善全社会信用体系，为私人股权投资发展创造良好环境。

（五）加快推进资产证券化

资产证券化是通过在资本市场和货币市场发行证券，将缺乏流动性的资产，转换为在金融市场上可以自由买卖的证券，使其具有流动性的一种直接融资方式。资产证券化可以有效增加资产流动性，提高金融机构资本充足率，改善银行资产与负债结构失衡，降低企业筹资成本和贷款人资金成本。长期以来，我国资产证券化率偏低，大量优质资产长期沉淀，难以流动，其价值增值不能及时体现。比如，量大面广的国有资产、巨额的基础设施资产、优质住房抵押贷款等。要着眼于提高我国优质资产的证券化比重，加快国有资产、基础设施、优质贷款等资产证券化步伐。

当前，要加快推进房地产信托投资基金（REITs）在上海试点，丰富资本市场的投资品种，满足投资者多样化需求。要逐步放宽开展资产证券化的机构投资者限制，完善资产证券化配套政策。同时，要加强资产证券化过程中的风险管理，用于证券化的资产必须是优质的、有实际价值的、能产生收益的资产，防止证券化过度产生泡沫。

（六）开拓发展离岸金融市场

离岸金融市场主要为非居民提供境外货币借贷或投资、贸易结算、外汇黄金买卖、保险服务及证券交易等金融业务和服务。发展离岸金融市场，有助于打通国际融资渠道，集聚国际金融机构，募集国际资本用于本国经济社会发展，推动所在国生产、贸易和资本的国际化，因而成为国际金融中心竞争的新特点和新趋势。纽约、伦敦、香港、东京等老牌国际金融中心，开曼、巴哈马等新兴国际金融中心都建有离岸金融市场，我国周边国家如韩国、马来西亚、泰国等也都早已建立离岸金融市场。建设上海国际金融中心，发展离岸金融是必不可少的一环。

当前，要加快在洋山保税港区推进离岸金融业务试点，大力吸引国际金融机构落户，集聚国际资本；允许国内企业开设离岸账户，为其境外业务提供资金结算便利。要把离岸金融中心功能作为上海国际金融中心建设的重要组成部分，使上海成为重要的离岸人民币及其衍生工具的全天候交易结算中心，成为国内外金融机构、海运保险和再保险机构开展离岸业务的运作平台。

（七）协同推进国际经济、金融、贸易、航运中心建设

上海国际经济中心、国际金融中心、国际贸易中心、国际航运中心建设之间是相互依存、互相促进的关系。建设上海"四个中心"，必须注重经济、金融、贸易与航运的有机融合、协同推进，形成独特的竞争优势。

比如，人民币国际化，既是国际金融中心建设的突破口，同时又是扩大国际贸易、规避贸易风险的重要手段。比如，发展航运金融，能够同时促进上海国际金融中心和国际航运中心建设。再比如，在洋山港开展离岸金融，既有助于发展港口贸易，同时又有助于吸引国际金融资本落户，加快上海国际金融中心建设。上海国际金融、贸易和航运中心建设的加快推进，也将进一步推动上海国际经济中心建设。

（八）强化国际金融中心，支撑中国经济转型

上海国际金融中心建设，必须以服务实体经济、服务中国经济为根本出发点和立足点，充分发挥国际金融中心对促进经济增长和结构转型的重要推动作用。一是加强金融服务和金融创新，促进本土企业发展转型、集成创新，鼓励企业实施品牌扩张战略，支持有条件的企业开展国际化经营。二是运用资本市场推进企业开放性、市场化重组，推动企业整体上市

或核心业务资产上市，优化资源配置。三是支持我国重点产业振兴、重大基础设施建设、民生与社会事业发展、"三农"发展等，注重加强货币政策、信贷政策与产业政策的协调配合。四是运用资本市场和风险投资市场支持产业技术自主创新、支持科技成果产业化、支持生产性和消费性服务业跨越式发展。五是促进消费结构优化升级，不断增强消费对经济发展的拉动作用。六是抓紧研究推出为中小企业融资的服务平台，特别是要探索新的为中小企业服务的金融产品和金融工具，包括发行中小企业的集合债券，设立中小企业互助型的担保基金等，更好地打造为企业发展服务的金融平台。

同时，要处理好金融资源集聚与释放的关系。通过金融资源的集聚推动经济增长和国民财富增加，通过经济结构的调整带动金融资源的释放，实现金融经济与实体经济的互动融合发展。

（九）优化规划布局、促进联动发展

根据陆家嘴金融城、外滩金融集聚带、张江金融信息服务产业基地、洋山保税港区以及其他区域各自发展优势，完善上海金融功能区域布局规划。陆家嘴金融城要打造成为各类金融机构、金融要素市场的集聚地，成为国内资金运营中心和高端金融人才高地，以及金融业务标准、信息标准、执业标准等制定中心，成为类似伦敦金融城的金融集聚区。外滩具有金融发展的悠久历史和深厚的文化底蕴，要按照与浦东陆家嘴地区"一城一带"错位互补、协同发展的总体思路，重点引进证券、基金、投资银行、资产管理、融资服务等金融机构，以及会计师、律师事务所等中介服务类机构，成为国内外有重要影响力的资产管理、资本运作中心和金融服务中心。

重点要推进几项工作：一是深化完善陆家嘴金融城区域空间规划布局，包括商务楼宇、交通便利、生活配套、人才公寓等；二是加快推进商务楼宇载体建设，深化外滩金融文化的开发，进一步改善外滩地区的生活和交通出行条件，进一步完善金融生态，形成以金融为主的现代服务业集聚的空间；三是认真贯彻落实市政府出台的扶持金融业发展的相关政策，进一步细化引进证券、基金、投资银行、资产管理、融资服务等机构的具体措施。

（十）完善跨境支付机制，把上海建成境外人民币资金清算中心

2009 年上海成为跨境贸易人民币结算首批试点城市后，人民币跨境支付额迅猛增长，截至 2011 年 3 月底，已达 1300 余亿元，其中使用代理行模式进行支付的占比达 70%。同时，上海依托中外资银行聚集的优势，迅速成为境内外人民币资金出入境口岸。截至 2011 年 3 月底，境外参加行已在上海中外资银行开立人民币同业往来账户近 500 个，居全国之首，覆盖近 100 个国家和地区，业已形成人民币"汇通天下"的跨境支付清算网络。

不同于国际上成熟的美元、欧元、日元等跨境支付，人民币跨境支付没有统一的支付规则和制度安排，而且由于境内大额支付系统报文与境外商业银行使用的 SWIFT 报文不相兼容，境内外商业银行所需支付信息不尽相同，人民币跨境转汇时需要进行落地处理，既增加了商业银行手工处理量和业务成本，又增加了风险点。因此，为适应上海国际金融中心的发展，为在上海建成境外人民币资金清算中心，急需完善人民币跨境支付机制，在大额支付系统中采用国际统一的报文格式，提升跨境支付清算效率。

支付清算体系建设是一项全局性、战略性任务，未来与上海国际金融中心地位相适应的支付清算体系需要具备以下特征，即建立以央行服务为基础、商业银行服务为载体、支付服务组织服务为补充，发展多层次、全

方位的支付服务组织；拥有完善的支付网络、可靠的交易结算机制，实现跨境支付直通式处理，支付效率不断提高；中央银行跨行支付系统覆盖所有重要金融市场交易，具备良好的支付系统流动性管理机制；传统支付工具不断改善，创新支付方式蓬勃发展，满足社会新兴支付需求，形成高效、细分的支付专业市场。

（十一）整合金融教育和人才资源

国际金融中心建设，必须重塑金融教育理念、重整金融教育资源，构建一个集专业教育与公共教育二者为一体的终身金融教育体系。专业教育重点培养从事金融事务和研究所必需的工具能力、解释金融活动和金融现象的能力和掌握处理金融事务的能力。公共教育是一种金融素养教育，主要任务是传播知识、培育意识、塑造行为，培养全社会的金融法律意识、信用文化和正确的消费行为、投资行为，特别要加强全社会和全行业金融文化建设。

重点要推进几项工作：一是依托上海高校的金融教育课程和教育资源，进一步完善高等和专业的金融教育，逐步形成具有国际水平的经济金融院校、科研机构，发挥科学研究、社会服务和人才培养的功效；二是整合政府机构、金融行业、财经院校、咨询机构的力量，形成一个开放式的国际化的平台，以项目制的形式展开研究；三是积极引进国际知名的金融教育和金融培训认证机构，在金融、投资、财务等领域为个人及机构提供高标准的金融培训服务和国际金融人才从业资格认证；四是要利用报纸、电视、网络等多种形式宣传金融政策和金融业的改革和发展，加强社区金融文化建设，使社会公众更好地了解金融，认识金融，提高金融素养。

第 | 三 | 章 |

人民币国际化的进展

回顾人民币国际化的进程：2009 年是贸易结算启动年，2010 年范围扩大到了整个经常项目，2011 年的重要突破是资本金融项下的长期内容——直接投资，而 2011 年年底以来的进展主要是在证券投资及其他短期资本流动内容。

第一节　从国际收支平衡表的框架来看人民币国际化

目前已获准的人民币跨境流动渠道如表 8 所示，可以总结为如下内容。

表 8　人民币跨境流通渠道的主要进展

	借　方		贷　方
经常项目			
贸易项	进口（2009）		出口（2009）
其他内容*	其他内容（2010）		
资本与金融账户			
直接投资	对外直接投资 ODI（2011）		外商直接投资 FDI（2011）
证券投资	熊猫债券（2005） 人民币 QDII（2007）	债券	发行点心债券（2007） 境内银行间债券（2010） 人民币 QFII（2011）
			股票、基金：人民币 QFII（2011）
贷　款	跨境双向人民币贷款（2012）		

注：经常项下人民币的跨境流通实际上早已开始，早期主要通过游客携带的渠道实现；在 2004 年 2 月中国人民银行批准香港人民币业务后，人民币亦可通过有限制的汇兑方式实现跨境流通（徐奇渊、刘力臻，2009）。

1. 经常项目方面，2009 年 7 月 2 日，国务院六部委发布跨境人民币结算试点管理办法，中国跨境贸易人民币试点正式启动。2010 年 6 月 22 日，国务院六部委发布了《关于扩大跨境贸易人民币结算试点有关问题的通知》，将试点业务范围扩展到货物贸易之外的整个经常项目结算。实际上，目前人民币已经实现了在经常项目下的自由可兑换。与收支结构类似，2011 年商品贸易涉及的人民币结算，在经常项的占比约占 75%。从试点以来开始算，截至 2013 年第 4 季度，人民币跨境贸易结算累计金额已经突破了 10 万亿元（如图 14），主要集中在中国香港和台湾地区、东南亚、澳大利亚等地区（2014 年 2 月 28 日至 3 月 10 日，课题组赴中国台湾和澳大利亚考察了人民币跨境支付结算业务，具体内容请参阅附件中的调研报告）。由于经常项目的人民币结算中，贸易结算完全占据主要比例，而且经常项其他内容的分析也类似于贸易项，因此后文将重点分析进、出口贸易的人民币结算。

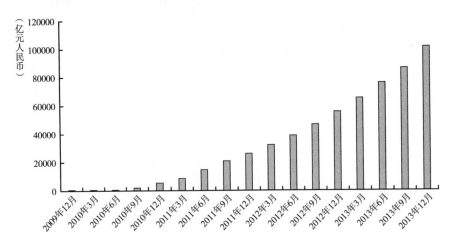

图 14　跨境贸易人民币结算金额累计已经超过 10 万亿元人民币

资料来源：中国人民银行。

2. 资本与金融项下的直接投资方面，2011 年 1 月人民银行发布的《境外直接投资人民币结算试点管理办法》，开启了人民币 ODI 的渠道。

而 2011 年 9 月、10 月，商务部和人民银行分别发布的《关于跨境人民币直接投资有关问题的通知》《外商直接投资人民币结算业务管理办法》则打开了人民币 FDI 的渠道。从开始试点到 2013 年年底，人民币对外直接投资达到 1362 亿元，人民币外商直接投资达到 7924.3 亿元。

3. 资本与金融项下的证券投资方面，人民币的流出渠道有两种情况。第一，境外机构在境内发行人民币债券，即熊猫债券。自 2005 年以来，亚洲开发银行、世界银行等机构在中国发行了熊猫债券。第二，人民币 QDII，即人民币境内合格投资者，以 2007 年首款人民币 QDII 理财产品诞生为开端。但是，由于人民币汇率处于持续升值过程之中，并且境内人民币债券收益率也较高，因此上述两种业务，尤其是熊猫债券的发展相对较为缓慢。

关于境外人民币的回流渠道有以下几种情况。

1. 境内机构在中国香港发行点心债券（dimsum bond），并使人民币回流。实际上境外机构也可以在香港发行点心债，而且获取人民币之后也可存放在境外。不过数据显示，香港点心债券发行者中 80% 左右来自内地（McCauley，2011），而且发行债券所得融资约有 95% 都是回流内地的（Li，2011）。因此，本章将主要分析境内机构在港发行点心债券，并且回流内地的情况。近年来点心债券市场发展迅猛：从 2007 年到 2009 年，香港的点心债券发行量始终维持在 100 多亿元的量级，之后条件逐步放宽，2010 年上升到 357 亿元，2011 年更是超过了 1000 亿元，此后的 2012 年、2013 年，一直稳定地维持在 1000 亿元以上的水平（如图 15）。

2. 境外机构投资境内证券市场，包括债券、股票、基金等。从 2011 年年初开始，中国人民银行先后批准 13 家境外机构可以投资境内银行间债券市场，主要集中于央票、政策性金融债以及国债。2012 年年初，央行发布了《基金管理公司、证券公司人民币合格境外机构投资者境内证券投资试点办法》，批准了人民币 QFII 可以投资境内的银行间债券市场、

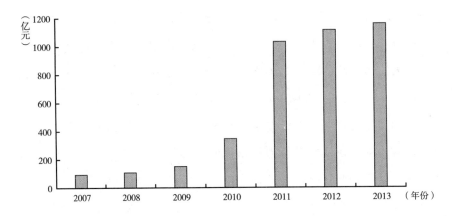

图 15　香港人民币债券发行数量

数据来源：Bloomberg。

股票、基金等领域，并且在之后的 2012 年 4 月初对人民币 QFII 新增了 500 亿元的额度。此后，国家外汇管理局逐步增加人民币 QFII 的额度。截至 2014 年 4 月 30 日，人民币合格境外机构投资者（RQFII）总额度已达 2156 亿元。

3. 跨境双向人民币贷款。2012 年，深圳市政府通过了《关于加强改善金融服务支持实体经济发展的若干意见》，其中提出了深、港两地的人民币跨境贷款。此后，该项政策获批。在 2013 年全年，通过深圳前海进行的跨境人民币贷款已超过 150 亿元。在此试点的基础上，2014 年 2 月，上海自贸区的跨境人民币贷款实施细则正式出台，当月 21 日，中国银行新加坡分行即宣布完成了自贸区第一笔人民币跨境贷款（1 亿元）。2014 年 3 月，天津生态城也完成了第一笔人民币跨境贷款（0.5 亿元）。

第二节　从国际货币职能角度来看人民币国际化

从货币职能角度来看，一个国际货币在官方用途、私人用途中，分别充当了价值储藏、交易媒介、记账单位三种功能。在目前阶段，人民币主要的交易媒介功能，能够较准确地反映在国际收支平衡表中，例如人民币的跨境贸易结算，人民币的对内、对外直接投资。

表 9 国际货币的职能

货币功能	官方用途	私人用途
价值储藏	国际储备	货币替代（私人美元化）和投资
交易媒介	外汇干预载体货币	贸易和金融交易结算
记账单位	盯住的锚货币	贸易和金融交易计价

因为对交易媒介的贸易、投资功能，我们已经进行了分析。在这部分，对于国际收支平衡表之外的人民币国际化领域，我们主要关注价值储藏、记账单位两种功能的介绍。

价值储藏功能：从官方用途来看，虽然澳大利亚以及东盟、非洲的个别国家，已经开始使用人民币作为外汇储备①，但一方面其总规模极小，另一方面这些信息并不完全公开。因此我们对价值储蓄功能的描述，除了前面已经介绍过的香港人民币债券之外，再补充香港人民币存款的数据（见图 16）。

自 2004 年 2 月香港开通人民币存款业务以来，这项业务的发展经过了以下四个阶段。第一，2010 年 8 月，香港开通人民币的即期外汇（CNH）市场之前，香港人民币存量增长相对较为平缓，一直维持在 1000 亿元人民币的数量之下。第二，此后到 2011 年年底，在人民币跨境结算试点范围扩大及 CNH 市场建立的背景下，香港人民币存款迅速增长，到 2011 年年底，香港人民币存款已经突破了 6000 亿元。第三，2011 年末到 2012 年年底，受当时国际金融市场动荡的影响，人民币存款增长进入平台期，人民币存款从 6000 亿元开始逐渐下降，到 2012 年年底，存量已经接近 5500 亿元。第四，从 2013 年开始，随着国际金融市场的平稳，香港

---

① 2012 年，日本政府与中国政府达成了购买价值 100 亿美元的人民币国债协议，但之后，由于两国关系紧张，实际该协议并未执行。

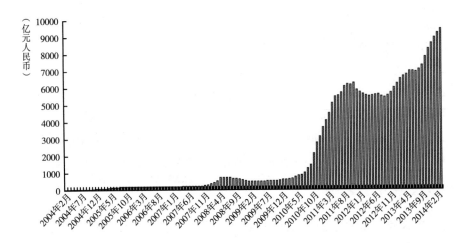

图 16　香港人民币存款

人民币存款总量重拾升势，至今数量已经直逼 10000 亿元。

　　在所有人民币离岸市场中，中国香港处于绝对优势地位。以人民币的跨境结算数量为例，香港始终占据 70% ~ 80% 的比例。在此基础上，香港的人民币资金池规模也是最大的。中国台湾、新加坡、伦敦等地的人民币存款虽然也有较快增速，但其基数小，尚无法与香港人民币存款规模相比。而由于政策瓶颈的限制，人民币债券的发行规模受限，在经历了 2007 ~ 2011 年的扩张之后，开始进入平稳期，香港的人民币债券发行也维持在年度略高于 1000 亿元的水平。因此，我们这里，就以香港人民币存款数据，作为人民币在国际范围内充当价值储藏功能的数据指标。

　　取 2012 年 1 月开始的香港人民币存款数据，将其平均值作为基期 100，可以得到人民币国际化的价值储藏功能指数 S。具体结果在图 17 中显示。

　　交换媒介功能：前面已经介绍了人民币跨境结算中有关进、出口贸易以及对外、对内直接投资中的人民币结算情况。但这些数据，尚无法覆盖离岸居民与离岸居民之间的人民币交易，因此我们使用 SWIFT 人民币交易量及在此基础上的全球市场份额指数，来表示人民币作为国际货币，充当交换媒介功能的指标。具体如图 18 所示。

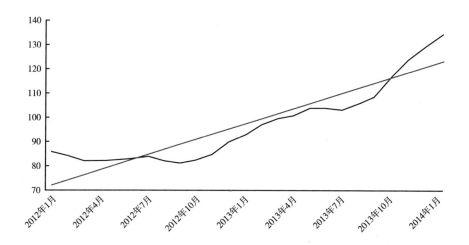

图 17 人民币国际化——价值储藏功能指数：香港人民币存款

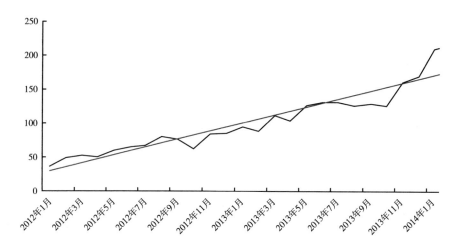

图 18 人民币国际化——交易媒介功能指数：SWIFT 人民币全球市场份额指数

　　计价手段功能：由于中国进、出口贸易企业的定价权较弱，因此，在人民币跨境交易中，计价手段与交换媒介功能在很大程度上是不一致的[1]。

---

[1] 何帆、张斌、张明、徐奇渊、郑联盛：《香港离岸人民币金融市场的现状、前景、问题与风险》，《国际经济评论》2011 年第 3 期。

因此，我们不能将人民币的交换媒介、计价手段功能混为一谈，更不能将两者的数据混用。

事实上，对于私人部门而言，人民币作为计价手段发挥作用的数据，不具有可得性。因此，我们考察各国官方部门中，人民币作为计价手段发挥作用的程度，并将其作为人民币国际公认的计价手段功能指标。

在这方面，Xu 和 Yang（2013）[①] 的研究可以作为计算依据。基于这项研究，我们可以对人民币在以下经济体范围内发挥计价手段功能的情况进行分析：中国香港、中国台湾、越南、菲律宾、印度尼西亚、泰国、马来西亚、新加坡、韩国。由于以人民币为锚的经济体，主要集中于东亚经济体范围内，因此，上述 9 个中小型经济体的样本，可以合理地代表人民币发挥计价手段功能。这些经济体的货币汇率，都在事实上体现出一定的篮子构成特征，具体如图 19 所示。其中人民币在各经济体货币篮子中所占的比例，以其他线型线表示。

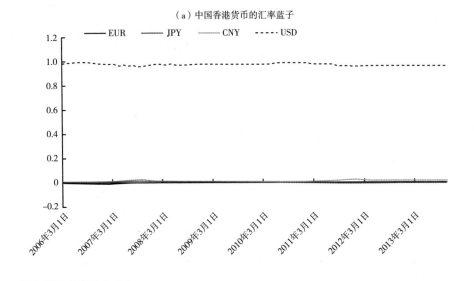

（a）中国香港货币的汇率蓝子

---

① Qiyuan Xu, Panpan Yang, "Neither Fixed Nor Floating: Moving towards to a Basket", RIETI-CASS-CESSA Joint-Workshop, Industry-level Exchange Rate and Asian Integration, Focus on the Relation between China and Japan – 18 November 2013, Tokyo.

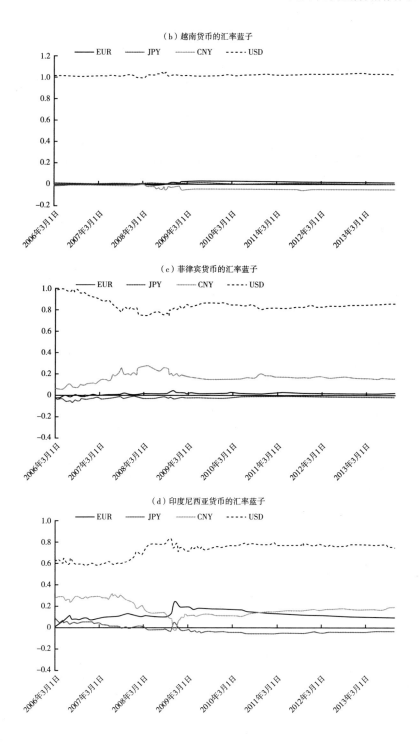

（b）越南货币的汇率蓝子

（c）菲律宾货币的汇率蓝子

（d）印度尼西亚货币的汇率蓝子

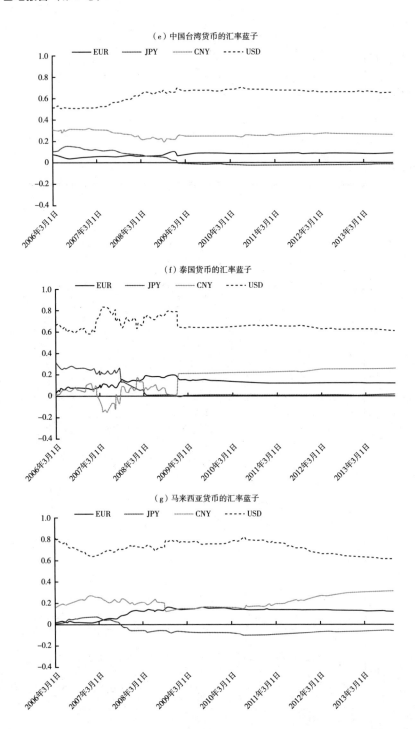

（e）中国台湾货币的汇率蓝子

（f）泰国货币的汇率蓝子

（g）马来西亚货币的汇率蓝子

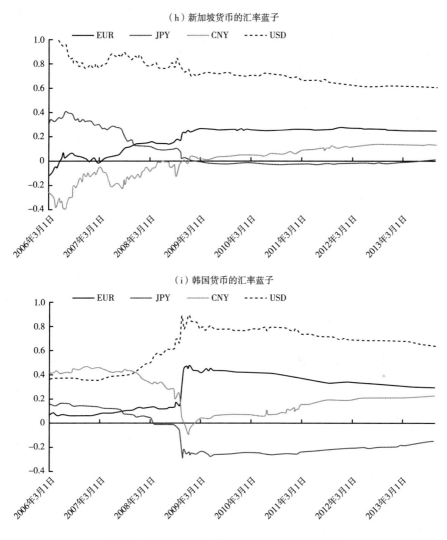

图 19　东亚各经济体货币汇率篮子的时变结构

在 Xu 和 Yang（2013）对东亚 9 个代表性经济体研究的基础上，我们构建人民币计价手段功能指标：①根据 IMF 的国际金融统计年鉴数据库（IFS），获得上述 9 个经济体在 2010～2012 年的 GDP 指标，将其单位统一，并以之为基础计算权重；②由于越南、中国香港等经济体，人民币在其货币汇率篮子中长期接近，或在事实上为 0，无法使用常规的几何平均。因此，我们在这里使用加权平均的办法，基于前面的权数，对各个经济体时变的汇率篮子中的人民币比重进行加权，从而得到人民币作为国际货币充当计价手段功能的指标，如图 20 所示。

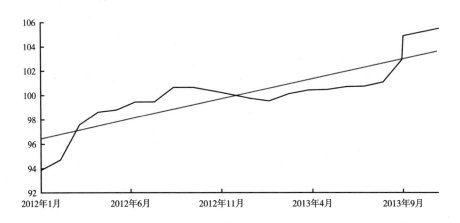

图 20　人民币国际化——计价手段功能指标：作为官方计价货币的功能

人民币国际化进展指数

基于前面的工作，我们可以从国际货币三大职能的角度，对人民币国际化进度给出量化的指数分析。其计算公式可以表示为：

$$RMBI = S^{1/3} \cdot E^{1/3} \cdot P^{1/3} \tag{1}$$

其中，$RMBI$ 为人民币国际化进展指数，S、E、P 分别表示国际货币的三大职能指标：价值储藏指标、交换媒介指标、计价手段指标。这三个分项指标的数值，分别已经在图 17、图 18、图 20 中给出。对于这三大指标，我们按照几何加权进行平均，以避免个别项目的异常波动而导致总指标发生过度波动。在权数分配上，我们使用了三者平均分配，表示我们认为这三者功能同等重要。事实上，即使这个权数在一定范围内进行调整，引起结果变化的敏感度是有限的。

根据式（1）对三种职能的指标进行几何平均，得到了人民币国际化进展指标，如图 21 所示。

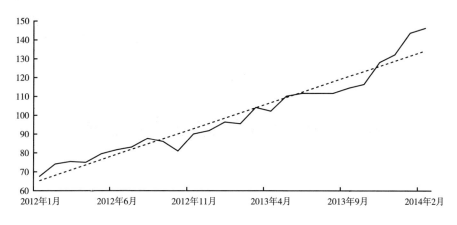

图 21　人民币国际化进展指标

根据图 21 中的人民币国际化进展指标及其趋势性，可以将 2012 年 1 月以来的人民币国际化进展划分为 3 个阶段。

第 1 阶段：2012 年 1 月至 2012 年 9 月，人民币国际化进展快于趋势上升；

第 2 阶段：2012 年 10 月至 2013 年 11 月，人民币国际化进展总体慢于趋势上升；

第 3 阶段：2013 年 12 月以来，人民币国际化进展再次快于趋势上升。

结合图 17、图 18、图 20，我们可以发现，在人民币国际化进展较慢的第 2 阶段中，还有两个时期的人民币国际化进展是尤其缓慢的：2012 年年底以及 2013 年下半年。其中，2012 年年底，人民币国际化指数甚至出现了一定的倒退（指标绝对数的下降）。

第|四|章|

货币国际化驱动因素文献回顾

本章将回顾一国货币国际化的决定因素，由于本课题主要围绕人民币的清算与结算展开，我们在进行回顾时将侧重于一国货币作为计价货币和清算货币属性的决定因素，毕竟，只有在市场上具有计价和清算的需求，人民币的清算与结算才具备了可持续的交易基础。同时，在本章，我们也考虑货币作为价值储藏功能的决定因素，这是从长远来看，如果人民币有能力成长为重要的国际储备货币，那么必然也要求人民币具备相应的清算与结算的能力。上述国际货币属性以及它们的决定因素均非一蹴而就，而需要长期的积累，因此，我们将其归类为长期因素。

但是，不可否认的是，中国当前仍然面临着资本账户尚未完全开放、汇率形成的市场机制尚未完备以及国内金融市场改革特别是利率市场化改革尚未完成的现状，故而，人民币清算和结算体系的发展就不可避免地同一些套利、套汇的因素密不可分，在本章，我们也将对这些短期因素进行探讨。

第一节　货币国际化长期驱动因素

在长期因素部分，我们将重点回顾以下三类决定因素：计价货币、结算货币和储备货币。在这里需要对计价货币与结算货币加以说明。计价货币（Invoicing Currency）与结算货币（Settlement Currency）在一些研究当中被画等号，而对于一些发达国家的研究也表明，对大部分企业而言，这两者是一致的（Friberg 和 Wilander，2008），但是对于现实的中国来说，这二者并不能完全等同。根据我们此前进行的调研，许多企业在结算时是使用人民币的，但是在计价时，仍然采用美元。在这种情况下，如果简单地利用结算规模衡量计价规模，就会出现问题。因此，我们在进行长期因素分析时，仍尽量将计价货币与结算货币区分开来。

计价货币决定因素

国际贸易计价货币是指签订国际贸易合同、开立商业发票、签发汇票等单据时所使用的货币。计价货币的选择会直接或间接地对汇率变动的传递效应、汇率制度、货币国际化等问题产生深远的影响，因此国际贸易计价货币一直是国际经济学研究的一个重点。早期的研究主要关注影响国际贸易计价货币选择的因素。20世纪90年代兴起的新开放经济宏观经济学（new open economy macroeconomics）把计价货币的概念引入模型，分析了不同的计价货币对汇率变动的传递效应（exchange rate pass-through）的影响。现在更多的文献是利用国际贸易中不同计价货币的实际数据，对影响计价货币选择的因素和不同计价货币的影响等理论研究进行实证检验。国际贸易中的计价货币可以分为两种类型：交易货币和非交易货币。非交易货币指在贸易中使用进口商国家货币（Local Currency Pricing，LCP）或者出口商国家货币（Producer Currency Pricing，PCP）计价。交易货币计价（Vehicle Currency Pricing，VCP）是指采用第三国货币计价，这种货币在国际贸易中被进出口方和银行广泛使用，作为国际交易媒介，比如美元。一国货币是否被选择为计价货币取决于该货币的交易成本、该国的通货膨胀、汇率波动、商品特性和市场结构等因素。以下进行具体分析。

交易成本

一种货币的交易成本越低，该货币成为计价货币的可能性就越大，那么为了谋求交易成本的下降，厂商就有动机降低计价货币的数量。

Swoboda（1968）指出，使用单一的计价货币，可以导致整体交易成本下降，进而导致外币持有规模的下降。他发现，一国国际贸易规模越大，一国货币在外汇市场上交易量越大，金融市场越发达，则该国货币成为计价货币的可能性也就越大。Krugman（1980）发现，当平均交易成本随着交易量的增加而下降时，交易成本最低的货币，也就是交易量最大的货币将成为计价货币。

Mckinnon（1979）强调，出口商主要在价格不确定和需求不确定之间进行选择。对于同质商品和初级产品，出口商是一个价格接受者，考虑较多的是价格的不确定性，一般不会选择本国货币计价，而倾向于采用交易成本低的货币计价，对这些商品采用同一种货币进行计价将增加这些商品价格的国际可比性，增加市场的透明度。对于高度异质的商品，因为出口商可以设定市场价格，所以考虑较多的是需求的不确定性，因此人们将会选择本币计价。

Rey（2001）认为，开放程度最大的国家、与其他货币兑换时交易成本最小的国家的货币将成为计价货币。Devereux 和 Shi（2009）讨论了使用交易货币的效率，效率大小取决于整个经济系统中币种的总数量、交易货币国家经济的规模和货币政策。

通货膨胀

计价货币的通货膨胀率直接影响国际结算时进出口双方的利益，因此，在选择计价货币时，进出口双方会参考不同货币的通货膨胀率。

Magee 和 Rao（1980）指出，拥有强货币和弱货币（低通货膨胀和高通货膨胀）的两国之间进行贸易时，强货币充当计价货币的比例较高，弱货币充当计价货币的比例较低。如果双方货币都是可兑换货币，而且通货膨胀风险相等，则双方货币充当计价货币的比例相当。

汇率波动

汇率波动直接影响出口商的对外报价，也影响进出口双方的经济利益，因此汇率波动对计价货币的选择有重要影响。

Grassman（1976）指出，发展中国家和发达国家之间的贸易主要以工业化国家的货币计价，这是因为一般而言，发展中国家讨价还价的能力不如发达国家，而讨价还价能力较强的企业将选择本国货币计价以避免汇率风险。

Page（1981）认为，企业有使用本国货币的强烈偏好，这被认为是规避汇率风险的需要。如果贸易合约是由出口商发起，而且是出口商第一次设立贸易合同时，PCP 计价是出口商的最优策略。进口商品占进口商消费支出的比例越低，出口收入占出口商销售收入的比例越高时，进口商对定价战略越不关心。

Donnenfeld 和 Zilcha（1991）发现，汇率波动性越强，以外国货币度量的出口商品价格的易变性越高，预期的利润就越低。在此情况下，出口企业将选择 LCP 计价。

Fukuda 和 Ono（2006）提出了垄断竞争的开放经济模型，分析了汇率不确定条件下计价货币的选择战略。他们认为，计价货币选择不仅取决于对汇率变动的预期，还取决于历史习惯。

商品特性和市场结构

出口商品的特性不同，市场竞争状况就不同，计价货币的选择也就不同。

Johnson 和 Pick（1997）发现，如果在不完全竞争情况下有其他出口商出现，迫于竞争的压力以及降低多样化货币带来的成本，VCP 计价的可能性将上升。Bacchetta 和 Wincoop（2005）指出，对出口商定价策略影响最大的因素是出口商品的需求弹性和出口商品需求的价格弹性。如果产品存在高度差异性，出口商将采用 PCP 计价。如果产品差异性小，出口商之间希望保持相对价格固定，将采用 VCP 计价。

Engel（2006）发现，在弹性价格环境下，如果出口商品以本国货币计算的价格波动性比以进口国家货币计算的价格波动性要低，出口企业将采用 PCP 计价，否则将采用外国货币计价。

Goldberg 和 Tille（2008）强调，影响计价货币选择的主要因素是产业特征和国际贸易规模，外汇市场买卖价差也起一定的作用。对于同质商品，生产商的目标是保持和竞争者价格的相对稳定，这个时候就会选择与竞争者相同的计价货币。当进出口双方货币汇率的波动大于进口方货币与第三国货币汇率的波动时，出口商会选择 VCP 计价，反之则以 PCP 计价。

计价货币实证分析

Donnenfeld 和 Haug（2003）利用加拿大的进口数据，研究了汇率波动背景下国际贸易计价货币的选择，发现汇率风险越高，使用 LCP 计价的比例越高，使用 PCP 计价和 VCP 计价的比例就越低。实证研究的结果进一步显示，国家规模的大小对计价货币的选择也会产生影响。来自大国的企业一般采用本国货币计价，而较少采用第三国的货币计价。

Wilander（2004）利用瑞典出口企业的数据进行研究后发现，进口国家市场规模越大，金融市场越发达，使用 LCP 计价的可能性就越大。高通货膨胀、贸易距离、外汇管制减少了 LCP 计价的可能。双边汇率波动性越高，PCP 计价的可能性就越低，但增加了 VCP 计价的可能。瑞典纸和纸浆出口中采用瑞典克朗计价的比例大约只有 25%，而在汽车产业，该比例高达 60%。

Oi 等（2004）从预期利润最大化的角度分析了出口商品计价货币的选择，发现日元在出口贸易中的使用情况和理论模型解释的水平基本相当。他们还讨论了日本出口定价战略，发现产品差异性大的商品，如汽车以日元计价的比例高。

Kamps（2006）研究表明，欧盟的成员国或准成员国更倾向于采用欧元作为计价货币。货币汇率不稳定和产品差异性较低的国家倾向于采用美元作为计价货币。由于汇率波动导致欧元作为计价货币使用量的上升会提高欧元作为交易货币的地位。市场份额越高（一国总出口占世界出口比例）的欧元区成员国，越倾向于采用本币（欧元）作为计价货币。

Ligthart 和 Silva（2007）对荷兰与 OECD 国家贸易的计价货币选择的决定因素进行了实证分析，他们发现，如果国外市场的需求下降，那么出口商品的 PCP 计价比例就会下降。贸易伙伴的银行部门越发达，在世界贸易中所占份额越高，出口商品的 LCP 计价比例就越低。贸易伙伴预期通货膨胀率越高，则出口商品的 PCP 计价比例越高。一个国家外汇市场的深度、在世界贸易中的份额、是否欧盟成员国，这些都是一国货币作为计价货币使用范围的主要决定因素。

Donnenfeld 和 Haug（2008）对出口到美国的商品采用何种货币计价进行了研究。他们发现，一国在世界贸易中的份额、国家的相对规模（GNP）对计价货币的选择没有显著的影响。相对于 PCP 计价，汇率风险和贸易伙伴的距离对 LCP 计价比例有正向的显著影响，汇率传递的弹性与 LCP 计价比例有显著的负向关系，以 VCP 计价的可能性与汇率风险明显呈负相关关系，与汇率传递弹性明显呈正相关关系。

Friberg 和 Wilander（2008）考察了瑞典出口商品的计价货币选择，发现 LCP 计价使用得最多，瑞典克朗和 VCP 计价比例基本相同。企业内和企业间的计价货币选择是类似的。Yi（2008）指出，随着美元的不断贬值，中国的出口商使用欧元作为计价货币的比例会上升。

Goldberg 和 Tille（2008）既考虑了宏观经济变量，又考察了产业层面特征对计价货币选择的影响。他们发现，相对于其他产品的出口商，产品需求弹性较高的出口商在选择计价货币时呈现一定的"羊群"行为，产业层面的特征比宏观经济变量对计价货币选择的影响要大。由于商品交易所有组织的贸易占世界贸易的比重在下降，美元作为 VCP 的地位也在下降。

Takatoshi 等（2009）对日本出口企业的定价行为进行了分析，发现出口到发达国家的产品主要采用 LCP 计价。出口的电子产品通常以美元作为计价货币。虽然日本的公司已经把生产基地转移到了亚洲，但是，只要产品的最终目的地是美国，这些来自亚洲生产基地的出口商品也采用美元作为计价货币。

综合实证研究可以发现，影响计价货币选择的因素包括汇率风险、通货膨胀、国家整体贸易规模、金融市场发达程度、商品的需求价格弹性、占据的目标市场份额、贸易伙伴的距离等。实证分析的结果和理论推导的结果基本吻合。

第二节　结算货币决定因素

关于国际贸易结算货币选择问题的研究，始于 20 世纪 70 年代初布雷顿森林体系的崩溃。但在较长一段时间内，相关文献所做的贡献仅限于个案与经验方面的分析。直到 20 世纪 80 年代末，随着厂商利润最大化分析方法的引入，贸易双方国际货币选择机制的研究才得到深化。21 世纪初动态一般均衡分析模型的应用，则使国际贸易结算货币的研究视角与层面大为扩展。

在早期的研究中，Grassman（1973，1976）提出了所谓的 Grassman 法则，通过观察分析瑞典等国进出口合同所使用的结算货币，发现发达国家之间的贸易大部分以出口国货币结算，其他则多以进口国货币结算，而第三种货币只占一个很小的比重。此后，Page（1977）、Van Nieuwkerk（1979）和 Carse 等（1980）分别对英国、荷兰等几个欧洲发达国家的结算货币进行了研究，结果也都符合 Grassman 法则。不过 Page（1981）将各国的出口额和货币使用量在全球贸易中所占的比重进行对比后发现，只有美元的使用比重远远超过其出口份额，在初级产品上尤为明显，这也是美元作为主要媒介货币最早的实证研究之一。Grassman 法则强调了出口国货币在国际贸易中的作用，尽管这只是一个经验法则，却在实证检验中屡试不爽。对其原因，Bilson（1983）通过建立一个双边贸易模型做出了理论解释：出口商和进口商就价格和结算货币进行磋商时，在符合近似的购买力平价的前提下，如果进口商在其国内市场上的价格风险与汇率的相关度要大于出口商的成本风险与汇率的相关度，那么前者采用后者的货币进行结算就等于进行了一个天然的套期保值。Grassman 法则对解释 20 世纪六七十年代发达国家之间贸易的结算货币使用情况具有一定的合理性。但随着人们将研究对象从发达国家逐渐转向发展中国家，早期的经验法则便变得越来越无能为力。实际上无论是出口还是进口，大多数发展中国家同发达国家之间的贸易，采用的都是发达国家的货币，而发展中国家之间的贸易则大量充斥着第三种货币即媒介货币的身影。显然，仅仅用头寸风险来解释结算货币的选择就太过简单。而且包括 Grassman 法则在内的诸多结算货币理论的前提都源自"麦金农假说"，即由生产者造成的产品差异化、出口工业中间产品所导致的价格支配能力等，使生产者的谈判、交涉能力增强，出口国用本币结算的倾向很强。但实际上即便在同一行业中，不同厂商也会选择不同货币进行结算。因此，随后的研究着重于解释各国结算货币出现差异的原因。

出口国商品的市场份额及经济体的大小

Bacchetta 和 van Wincoop（2002）认为，出口国商品在国际市场的比重越大，出口商就越能在国际贸易谈判中选择对自身有利的币种进行结算。他们验证了一国市场份额与其用本币计价结算的比例存在着明显的正相关关系，指出美国和德国的市场份额远大于其他国家，所以美元和德国马克也就成为了世界上主要的媒介货币。由于日本向发达国家的出口一半以上流向美国，所以它的平均市场份额不高，贸易中用日元计价的比重也就明显偏低。同时他们还认为，如果某个联盟在市场上占据主导地位，联盟外的出口商为了控制需求的波动，只能纷纷采用这种货币进行结算，即产生了所谓的"羊群效应"。

Hartmann（1998）、Fukuda 和 Ono（2006）的研究表明，出口国经济体越大，出口商在海外市场越有影响力。这不仅增加了出口商的垄断势力，还影响到进口商对于出口国货币的接受程度，而且一国经济体的大小往往与其货币国际化程度成正比。他们还认为，结算货币的使用具有相当大的历史惯性和趋同性，一个大的经济体往往越有能力并且越倾向于选择本国货币。

Donnenfeld 和 Haug（2003）选取了加拿大 12 个典型的进口行业 6 年的贸易结算数据，通过多项 logit 回归后发现，贸易双方经济体大小在币种选择上起到了相当重要的作用；Wilander（2004）和 Silva（2004）分别选用了瑞典和荷兰的数据进行研究，也得出了大致相同的结论。

厂商的利润最大化选择

Giovannini（1988）分析了国内外市场由于价格歧视偏离一价定律所带来的影响，认为结算货币的选择与厂商利润相对于汇率函数的凹凸性有关。如果厂商在国外市场上具有垄断势力，即需求对于价格的弹性不大，那么出口商更倾向于用本币计价以规避汇率波动的风险。而当一个出口产业在某个国外市场有着多个竞争对手时，所有的出口商都会选择用同一种货币结算，在现实中常会用美元计价结算。

Donnenfeld 和 Zilcha（1991）将阶段性和最优化方法相结合，提出了结算货币选择的经典模型（以下简称 DZ 模型）。他们根据 Ben-Zvi 和 Helpman（1988）的方法，将交易的步骤分为如下几个阶段：首先，厂商决定自己的生产水平；其次，根据外部信号来制定国内外价格；最后，则是订单的到来，贸易最终达成，而此时的汇率则为一个固定值加上一个随机扰动项。他们同时假设出口商在国内和国外市场都具有垄断势力，可以进行三级价格歧视，所以不存在一价定律。厂商是风险中性的且不存在远期市场，这样他们的产品在国内外市场上的需求就只取决于各自的价格，而成本则与汇率无关。如果出口商选择以对方的货币进行结算，需求数量就可以立刻确定了，这是因为早在贸易实际发生前，国内和国外市场上的价格就已经事先声明。但由于实际的汇率未知，所以利润未知；反过来，如果选择以本币结算，国外市场的售价会因为汇率的波动而不可知，只有实际的价格是确定的。Donnenfeld 和 Zilcha 指出，如果对于第一种情况，如果出口需求函数的弹性并不是非常大的时候，由于汇率的不稳定性造成的国外市场价格的波动越大，带来的预期利润就越低，这样固定国外价格的外币结算相对于本币结算就是一个优势策略，反之亦然。

Friberg（1998）、Johnson 和 Pick（1997）对上述模型的假设进行了完善。前者将风险规避的假设和远期市场引入其中，后者则将贸易的出口方延伸到多个国家厂商。他们认为，当本币或外币的汇率波动太大，或者受流动性等限制使直接结算的成本大幅上升时，交易双方就会倾向于选择汇率相对稳定的媒介货币。而且由于其他国家出口商的存在，即便选择进口商的货币进行结算，也不能确定厂商在国外市场的需求。此时，各竞争者之间的相对价格就显得非常重要，厂商就会达成一个纳什均衡，即大家都选择一种共同的媒介货币。

Viaene 和 de Vries（1992）虽然同样受到 DZ 模型的影响，但他们却将目光放在了进口商和出口商的非合作交易之上。他们认为，在一个厂商随机配对的双边协商模型中，由于出口商的垄断势力往往要大于进口商，所以在市场上具有更大的讨价还价的能力，从而会选择对他们有利的货币进行结算。这一解释在一定程度上弥补了 DZ 模型只考虑出口商而忽略了进口商的局部均衡缺陷。

Hartmann（1998）则在 DZ 模型体系之外提出了"货币的网络外部

性"假说，认为，由于规模效应的缘故，一种货币的交易规模越大，交易成本就越低，人们所使用媒介货币就会趋向一致。他还用这一假说解释了欧元在短期内难以撼动美元在媒介货币中主导地位的原因。可见，自Giovannini 以来一脉相承的厂商利润最大化的局部均衡模型在对实际问题，特别是发展中国家的贸易和结算货币选择的解释上，具有一定的合理性和可行性。但是，由于其模型中将汇率看作外生变量，并作为影响决策的唯一不确定因素，这样一旦短期内价格具有黏性，汇率波动的价格转移效应就不明显，整个模型也就失去了意义。

货币政策稳定性

Devereux 和 Engle（2004）通过引入风险规避和价格水平等要素来区别不同国家之间货币冲击程度的差异。他们认为，货币政策的波动往往与汇率的波动相联系，稳定的货币政策能够增强货币持有者的信心，从而人们会更多地选择用该货币进行结算。本国的货币政策如货币供给，还与黏性工资和菜单成本等环节密不可分。一国相对他国有着更加稳定的货币供给，便能在一定程度上抵消汇率的价格转移效应对物价和工资的冲击，出口商也就更愿意用该国货币进行结算。

汇率制度的类型

Goldberg 和 Tille（2005）对 24 个国家的结算货币数据进行分析后发现，美元在媒介货币中的主导地位，不仅要归功于美国在世界贸易中的影响力，还与不少国家实行盯住美元的汇率制度有关，发展中国家用本国货币盯住的货币进行结算等同于用本币进行结算。如果有几个国家同时盯住某种货币，那么本国的出口商品就能同这些国家的同类商品保持相对价格的稳定，从而避免了汇率波动带来的需求波动。

金融市场的完善程度

一国金融市场是否完善，例如有没有健全的远期市场为进出口商提供套期保值工具，也会对结算货币的选择产生影响。奥田宏司（2002）认为，长期以来以日元计价的银行票据市场和短期国债市场的发展一直比较落后，使得日元的运用和筹措不便捷，阻碍了日本进出口贸易中以日元结算比例的提高。

上述引入动态一般均衡分析的国际结算货币选择理论，考虑到了开放经济条件下诸多经济变量的因素及其相互关系对国际贸易结算货币选择的影响，并运用了理论分析与实证检验相结合的分析方法，具有更强的说服力和实用价值。但一般均衡的分析方法在结算货币选择分析中的运用，也存在着两个层面上的不足：一是它需要人们对冲击给经济造成的影响有一个自己的判断，在 Bacchetta 和 van Wincoop 及 Devereux 和 Engle 的论述中，就是将货币冲击看作波动的主要来源。但如此一来，得到的结论或许只是在这一判断下所特有的，失去了普遍性意义。二是一般均衡分析需要借助于一个可行的汇率决定理论，而现今阶段的实证结果显示，关于汇率的决定还远未达到完善。

第三节　储备货币决定因素

一国如果要成为国际储备货币，实质上是要完成货币职能的国际化。因此可以从货币作为价值尺度、交易媒介和贮藏手段的三个基本职能入手进行分析，货币职能国际化的影响因素有三个判断指标：币值的稳定性、交易规模及货币收益性。

货币币值的稳定性是影响一国货币作为价值尺度超越国界发挥作用的关键因素。对于私人部门而言，货币的价值尺度功能主要是用作记账单位和计价货币。个体在选择货币作为记账单位和计价货币时，必然会选择币值稳定的货币，因为价值稳定的货币有利于交易成本和收益的核算，同时能够减少为防止外汇风险而进行的套期保值成本。对官方机构而言，货币的价值尺度功能体现在其作为名义锚或基准货币的功能。一种货币之所以作为名义锚或基准货币被其他国家盯住，一方面由于两国具有密切的国际经济贸易往来，更重要的原因是该货币的币值具有稳定性。只有被盯住货币币值稳定，盯住国的货币才能够通过这种盯住关系而保持稳定，盯住国的信誉也能够得到保证，从而促进盯住国国内经济及国际贸易与投资的发展。

货币作为交易媒介在国界之外的其他国家和地区发挥作用，关键看货币发行国交易规模的大小。根据"网络外部性"理论，当一国具有很大的交易规模，使参与该国交易的国家形成一个交易网络，如果网络内的国家都选用某一国货币作为交易媒介，网络外部性的成本就会很高。如果一个网络中有 n 个国家进行国际贸易，每个国家都有自己的货币。假设网络中任意两个国家之间都可以进行国际贸易，如果它们都采用自己国家的货币进行交易，那么至少需要交换 $C_n^2 = n \times (n-1)/2$ 次；但如果网络内的国家都采用一种"中心货币"进行交易的话，只需要进行 $C_{n-1}^1 = n - 1$ 次交易，交易次数显著降低。从节省交易成本的角度来看，网络中的国家有自发选择交易规模大的国家所发行的货币作为"中心货币"充当交易媒介的趋势。影响一个国家交易规模的因素又有国家的经济实力、实物贸易的规模以及金融市场的广度和深度等因素，这些因素在后文会做详细讨论。

货币币值的稳定性和收益性是决定一种货币能否作为储备货币的决定性因素。无论私人部门还是官方部门，在贮藏货币时首先关注的因素是其保值性如何，只有具有良好收益性的货币才具有储藏的价值。另外，货币币值的稳定性也是贮藏货币时需要考虑的因素。因为如果货币币值经常变动，贮藏者需要时常根据货币币值的变动情况调整其各种储备资产的份额以保证最佳储备结构。

因此，一国货币要成为储备货币，需要具备上述三个条件。能够影响币值稳定、交易规模和货币收益这三个指标的有经济、政治、路径依赖性等几方面的因素，以下具体说明。

经济总量（GDP）

一种货币成为国际储备货币即该货币的职能发生了国际化，从根本上讲，一种货币职能的国际化是货币发行国经济实力的反映，一国的经济实力最终决定了该国货币的国际地位，只有强大的经济实力才能支撑强大的国际货币地位。首先，如果一个经济实体拥有较大的经济总量，就可以为其发行的货币提供一个坚实的经济基础，能够较好地抵御经济外部冲击，保持经济体系运行的稳定性，不容易受经济波动和外部风险的影响。其次，如果一个经济实体拥有较大的经济总量，相应的其经济实力就较强。在当今的信用本位货币体系下，一国以其自身的信用发行货币。一个国家的经济实力越强，其信用保证程度就越高，其所发行货币的国际竞争力也就越强，交易者在国际经济交往中自然就越倾向于使用该国货币进行交易。衡量一国经济实力的主要指标是该国的经济总量，一般用国内生产总值 GDP（Gross Domestic Product）来衡量。

对外贸易规模

一个国家对外贸易的规模能够影响其货币在国外的交易规模，通过交易媒介这一职能影响其货币的国际化。因此一国的对外贸易规模是成为国际储备货币的一个重要影响因素。根据"规模经济贸易理论"，对外贸易规模是交易成本的重要影响因素，对外贸易规模越大，交易成本越小，贸易的收益也就越大。该理论由 Helpman 和 Krugman（1985）提出，他们认为国际贸易的直接基础是规模收益递增。随着某产品生产规模的扩大，产品发生规模收益递增，该国会由于单位产品成本的递减取得成本优势，直接导致专业化生产和产品出口。从本质上讲，对外贸易规模的扩大反映了一国劳动生产率的提高，劳动生产率的提高导致产品国际竞争力的提高，从而导致贸易规模的扩大，提高对外贸易占全球的比重，并使其国际贸易经常账户出现顺差。国际贸易规模和经常账户顺差的扩大，增强了一国的经济实力，促使其货币升值，这样参与国际贸易的国家更倾向于使用该国货币进行交易和结算。随着对外贸易规模的扩大和贸易占全球比重的提高，该国货币在国际贸易中的可接受性不断增强，最终导致货币的国际化，成为国际储备货币。

金融市场发达程度

一个国家金融市场的发达程度能够影响该货币的流动性，从而影响其交易规模和收益性，进而影响其货币职能的国际化。因此金融市场的发达程度是国际储备货币的一个重要影响因素。国际储备币种的货币发行国必须具备一个开放、交易规模庞大、经济和法律体制健全的金融市场。首先，发达的金融市场有广泛的市场参与者，巨大的交易量，能够扩大交易者对该货币的需求程度，有助于降低该货币的交易成本；其次，发达的金融市场能够为各国中央银行和投资者以较低的成本提供与该货币相关的、具有较高流动性和安全性的金融产品，便于各国交易者对国际贸易活动中与该国货币相关的外汇风险进行管理。另外，发达的金融市场具有较好的弹性，能够较好地应对国际市场上大的突发事件和经济冲击。当该货币供求突然波动和失衡时，能够通过灵活的市场机制迅速对货币价格做出调整，使其恢复均衡，不会引起该国货币价格在市场上出现较大波动。只有这样才能把更多的交易者和资金吸引到该市场，为该国货币成为国际储备货币创造必要条件。

政治、军事影响力

一国的政治、军事影响力对其货币在国际经济贸易中的使用会产生较大影响，因而能够对其货币职能的国际化产生较大影响，尤其在该国货币国际化的初期阶段。因此，货币发行国具备较强的政治、军事影响力是其货币能够成为国际储备货币的一个重要影响因素。以美元为例，布雷顿森林会议奠定了美元在布雷顿森林体系中"中心货币"的地位。美元之所以能够超越英镑成为国际货币体系的霸主，除了其强大的经济实力，同样离不开其在二战期间积累的强大的军事、政治实力。蒙代尔曾指出：强大的政治创造了强大的货币。从货币的早期发展史来看，发生在殖民时期的早期货币国际化——货币区域国际化都是依靠政治、军事权力实现的。

路径依赖性

除了经济、贸易、政治、军事方面的因素之外，路径依赖性也能够对货币成为国际储备货币产生重要影响。路径依赖（Path Dependence）由道格拉斯·诺斯（1993）提出，指人类社会的技术研究或制度变迁均有类似物理学中的惯性，一旦进入某一路径就可能对其产生依赖，即一旦做了某种选择，惯性的力量会使该选择不断自我强化，轻易很难脱离这一路径。国际货币制度的选择也具有一定的路径依赖性。因为货币职能的国际化是经济内部自发效应和外部推动作用下的自我增强过程，由于"网络外部性"、规模经济、交易和信息成本、交易习惯等原因，一种货币一旦成为"中心货币"就会产生惯性，其他货币很难取代其地位。以美元为例，虽然近年来美国的经济总量占世界经济总量的比重不断下降，国际贸易十几年来长期逆差，但这都丝毫没有影响美元在现有单一国际货币体系中的霸主地位。

国际分工

Hartmann（1998）总结了前人的研究，从货币职能角度界定了货币国际化的表现形式和分类，这种定义易于操作，但局限于表面现象，对应前文提到的第一种定义。此外，Cohen（1999）的观点更富有启发意义，他认为"货币势力范围"由国家实施的地域影响和市场产生的交易网络影响两者构成。其中，国家这只看得见的手所实施的影响，即货币发行和管理的垄断权主要在本国领土发挥作用；而通过市场交易网络这只无形的手产生的影响不仅在国内发挥作用，而且是一种货币在本国领土外发生作用的更重要的因素。

对一般货币来说，国内货币市场是由单一的最后供给者或者是"最后贷款人"主导的，在此称为供给主导（supply-dominated）。一般情况下，由于国家实施的地域影响占主导地位，形成了一个国家一种货币的"威斯特伐利亚模式"。但在多国情况下，若一种货币的市场交易网络影响扩展至境外，对其他国家的经济系统产生重要影响，那么这种货币的国内职能就实现了国际扩展。此时，这种货币成为国际货币（international currency）。具体的影响机制一般是通过国际分工地位的优势，使其他国家产生对本国商品的需求，进而引致外国居民对本币的需求；这种货币需求的扩大和累积进而提升该货币在国际金融市场的地位，发展成外汇市场的载体货币，甚至成为储备货币。因此，国际货币的流通范围和使用程度，从根本上说是各国在分工优势方面的竞争结果，并不存在单一供给者的主导；所以，国际货币是需求主导的（demand-dominated），更具有竞争性。

杨格定理（Young, 1928）的重要观点之一是：市场的大小决定了分工程度，而同时市场的大小也由分工程度所制约。Yang（1991）采用新兴古典经济学的超边际分析证明了这一观点。因此，前面所述市场交易网络的扩展过程，实质上是受到国内分工程度深化所推动的，当然这一分工程度的深化是源于国内市场规模的迅速扩大和交易效率的提高（杨小凯，1999）。所以，从本质上来看，国际货币的背后是这样一种经济系统：其具有良好的制度安排，从而使得市场交易效率与分工程度形成了良性循环。在此基础上造就了国际分工中具有强势地位的国家，而货币国际化就是其分工体系在国际上的进一步扩展。

Frankel（2011）的研究是这方面实证检验研究中最有代表性的作品，在他的文章中重点考察了德国马克和日元向国际储备货币转化的决定因素，其认为一国货币成为国际储备货币需要满足三方面的条件：①经济规模，这体现为 GDP 总量、贸易总量等；②对币值的信心，这体现在长期通胀率、汇率波动性等指标；③金融市场的发展，具体体现为金融市场发展的深度、流动性、可靠性以及开放度。其中第 1 个条件描述实体经济；

第 3 个条件描述金融市场；第 2 个条件则主要与货币政策的取向和声誉相关。

具体地，Frankel 选择 1973～1998 年作为样本区间，分析了外汇储备中美元、德国马克、日元、英镑、瑞士法郎占比变动的影响因素。之所以选择这一时期作为样本的研究时间，是因为 25 年的数据完整地覆盖了德国马克和日元的崛起。选择 1973 年作为分析的起点则是由于日元在此之前并不能称为国际化货币，选择 1998 年作为分析的终点是因为次年德国马克被欧元所取代。具体的指标选取和数据回归结果见表 10。

表 10　外汇储备中货币占比的决定因素

被解释变量:货币在储备货币中的占比(对数值)		
	系数	标准误差
GDP 比率	2.77	[0.64]
通货膨胀差	-2.64	[1.16]
汇率波动率	-0.98	[0.57]
外汇换手率	0.45	[0.29]
占比滞后项	0.85	[0.03]
常数项	-0.65	[0.15]

资料来源: Frankel (2011)。

第一个指标 GDP 比率，反映的是一国实体经济增长的指标，这一指标我们在前文的论述中已经反复提及。当一国的经济规模足够大时，投资者才会考虑将该国货币作为可靠的货币进行持有，这是支撑货币国际化的一个基本面的因素。通过回归的结果可以看出，这一指标非常显著，一国经济总体规模的增强有助于本币国际化。

第二个指标通货膨胀率，反映的是一个国家的通货膨胀水平，这一指标同样可以被视为反映基本面的指标，它反映了一个国家货币对内币值的稳定性，投资者愿意持有的货币应当具备稳定的币值。回归结果十分显著，通货膨胀越小，币值越稳定，投资者越愿意持有这一货币。

第三个指标汇率波动率，反映的是汇率波动的规模，这一数值反映的是一国货币对外的稳定程度，但同时也可以反映这一货币的浮动程度（即在金融市场上自由交易的程度）。从回归的结果来看，投资者选择用于外汇储备配置的货币稳定性是一个重要的考虑。

第四项指标外汇换手率，反映的是金融市场的发展程度，根据我们前面的讨论，一个完善的、有深度的金融市场是一国货币国际化的重要支撑。在这里，金融市场越发达，从回归的结果来看，确实带来了一国更高程度的国际化，但是这项指标并不显著。

第五项指标占比滞后项，反映的是被解释变量即该国货币在所有外汇储备中占比的滞后项，这实质上反映了人们在选择国际货币中的习惯养成，就和习得一门语言一样，在很多时候，选择一种国家的货币进行交易在很大程度上是因为惯性使然。这一项回归结果也是十分显著的。

第四节　货币国际化短期驱动因素

尽管人民币国际化的进展速度很快，但其背后的主要动力可能不仅仅是人民币具备成为国际货币的潜力，短期内人民币的跨境套利和套汇的机制也发挥了很大作用。

人民币跨境使用以来，各项跨境业务发展迅速，但计价货币与结算货币分离、套利活动活跃等问题的出现也引发了一系列争议。比如，人民币跨境贸易结算结构中进口业务远远大于出口业务，政策好处全都让给了境外方，呈现明显的"跛足"国际化特征（张明，2011）；人民币跨境贸易结算不但没有减少外汇储备增长的压力，反而为市场提供了套利套汇的机会；套利交易在主导离岸市场的发展，交易的结果是中央银行补贴套利者（张斌、徐奇渊，2012）。甚至有学者指出，在利率、汇率市场化之前推进人民币国际化，为国际投资套利提供了空间，我国企业则遭受了巨大的福利损失，应该停止出台人民币国际化的新政策（余永定，2012）。

在人民币跨境流动启动之前，人民币外汇市场除了我国境内银行间外汇市场（简称 CNY 市场）之外，在境外还存在一个离岸无本金交割远期市场（简称 NDF 市场）。在人民币跨境流动启动之后，起初人民币主要沉淀在中国香港，在 2010 年 7 月逐渐形成一个香港离岸人民币市场（简称 CNH 市场）。三个市场拥有不同的市场参与者和不同的价格形成机制，形成了三套不同的人民币价格体系，出现了人民币价格差异，从而不可避免地引发了套利活动。人民币的跨境套利主要通过汇率和利率两个渠道。假设在初始期，内地利息率高于香港 0.5 个百分点、香港利息率为 0，CNH 和 CNY 的即期汇率都是 6.4，CNH 和 CNY 远期市场的年升值预期是 0。在上述条件下，投资者从事套利活动是稳赚不赔的：假设投资者借入一年期的美元，在 CNH 市场卖美元、买人民币并将人民币存入内地的商业银行，同时买入一年期的美元远期合同。一年后，投资者手中的 1 美元就变成了 6.432 元人民币，根据远期合同按 6.4 的汇率，可换回 1.005 美元，偿还银行借款后，投资者得到 0.5% 的收益。在其他情况给定的条件下，套利活动的发生将导致香港外汇市场对 CNH 的需求增加，CNH 升值（美元对人民币贬值）。由于假设初始期 CNH 远期升值预期为零，即期 CNH 的升值意味着 CNH 即期汇率已高于其远期汇率，套利活动的出现必然使 CNH 汇率上升。假设由于中央银行的干预，CNY 汇率始终保持在 6.4 的水平上。这样，CNH 汇率就将高于 CNY 汇率。汇差的出现必然导致套汇活动的出现。套汇者在 CNH 市场用 6.368 元人民币购买 1 美元，再在 CNY 市场用此 1 美元购买 6.4 元人民币，获利 0.032 元人民币，收益率为 0.5%。套汇者在 CNH 市场卖人民币、买美元将导致 CNH 的贬值。可见，CNH 汇率同时受到两种压力：套利使 CNH 对美元升值，套汇使 CNH 对美元贬值。

针对人民币跨境贸易结算的套利现象，国内学界展开了较为激烈的争论。张明（2011）认为人民币离岸和在岸市场之间的套利导致人民币在出口端与进口端的使用并不平衡。2010 年第 1 季度至 2011 年第 2 季度，出口实收人民币金额远低于进口实付人民币金额，他将这种现象形象地比喻为"跛足"的人民币跨境贸易结算。他认为，导致人民币跨境贸易结算"跛足"的主要原因是人民币升值预期，人民币跨境贸易结算"跛足"将会导致中国外汇储备的加剧累积，进而造成中国的国民福利损失。而另一种观点认为，人民币跨境贸易结算的"跛足"是人民币从一种国内货币向国际性货币发展过程中必然出现的暂时现象，"跛足"的人民币跨境贸易结算未必会导致中国外汇储备的加速累积，因此不会出现显著的福利损失。何帆等（2011）在国内文献中较早分析人民币跨境贸易结算的"跛足"特征，并提出三个可能解释：一是持续的人民币升值预期导致外国贸易企业愿意接受人民币付款，而不愿意支付人民币；二是境外人民币市场存量有限，外国企业获得人民币的难度较大或成本较高；三是目前的人民币跨境贸易结算试点更加偏重于用人民币支付进口。

王信（2011）针对上述观点提出了不同看法。他认为，首先，在人民币国际化的最初阶段，不对称的跨境贸易结算有助于人民币的流出。人民币的流出不仅有利于形成一个离岸市场，也有助于降低国内流动性压力；其次，随着离岸市场人民币存量的上升，跨境贸易结算的不对称性从 2011 年第 2 季度起已经开始缓解；再次，持续的人民币升值预期对人民币国际化未必是坏事。日元与德国马克国际化的经验显示，持续的本币升值预期有助于增强本币吸引力、推动货币国际化进程；最后，如果国内外企业通过人民币支付进口套利，那么其他形式的套利行为就可能减少，从而减轻外汇储备的增长压力。陈德霖（2011）与秦晓（2011）的文章进一步论证了王信的第一个观点。

何东和马骏（2011）在王信的基础上继续论证了"跛足"的人民币跨境贸易结算不足为虑。他们的基本观点是：其一，进口采用人民币结算固然会增加央行的购汇压力，但出口采用人民币结算也会降低央行的购汇压力；其二，根据香港金管局的统计，在通过香港进行的人民币跨境贸易结算中，进口结算占比已经由 2010 年第 3 季度的 81% 回落至 2011 年第 2 季度的 58%。2011 年 6 月，进口结算占比继续回落至 47%。这意味着继续指责人民币贸易结算"严重跛足"已经过时；其三，制约人民币出口贸易结算的因素并不仅仅是人民币升值预期，极低的美元贷款利率、金融基础设施与制度瓶颈等诸多因素都会发挥作用；其四，人民币跨境贸易结算并非外汇储备增长的主要原因，更重要的是，人民币跨境贸易结算导致的外汇储备增长并不必然加剧国内流动性过剩，也不会加剧央行的冲销成本，原因在于，只要人民币进口贸易结算支付的人民币继续在海外循环并不回流国内，这就不会增加国内的流动性。

针对王信、何东与马骏的反驳，张斌（2011b）做了进一步的回应：第一，在计算跛足的跨境贸易结算对外汇储备增量的影响时，的确应该只考虑用人民币支付进口与出口收到人民币之间的差额；第二，通过香港进行的人民币跨境贸易结算未必能够反映内地人民币跨境贸易结算的全貌。例如，根据香港金管局的数据，2011 年第 1 季度进口结算比重仅为 67%，然而根据中国人民银行的数据，2011 年第 1 季度进口结算比重仍高达 89%；第三，应该从更广阔的视角来审视当前的人民币国际化。最近两年来的人民币国际化过程，实际上是境外非居民和企业将手中的美元、港元资产与中国居民和企业手中的人民币资产相互置换的过程。在未来的人民币升值过程中，这种用强币资产去置换弱币资产的行为，必然意味着我们将遭受福利损失。在人民币汇率机制没有实现完成彻底的市场化改革之前，内地人民币贸易结算做得越多，内地承担的福利损失必然越大。余永定（2011b）在张斌的基础上继续反驳了认为"跛足"的人民币跨境贸易结算不足为虑的观点。首先，针对在人民币国际化初期，只有通过进口结算支付人民币才能推动人民币国际化的观点，他指出，必须区分人民币计价与人民币结算。在讨论本币国际化问题时，一般涉及的是计价货币而非结算货币。离岸人民币存量不大，并不妨碍出口贸易用人民币计价、用美元结算。因此认为只有通过进口结算输出人民币才能推动人民币国际化的观点是站不住脚的。其次，由于通过贸易结算流出的人民币不可能全部回流国内，因此人民币跨境贸易结算必然会导致外汇储备进一步增加。最后，本币国际化，并不意味着本币应该尽可能多地在国际贸易与金融中充当计价与结算货币。计价与结算货币的选择应该本着国家利益最大化的原则来进行。例如，美国对外资产大多以外币计价、对外负债大多以美元计价，这样美元贬值能够显著改善美国的国际投资头寸。而在当前环境下，人民币国际化的推进导致我们用更多的人民币负债置换了更多的美元资产，这无疑将给中国带来巨大的福利损失。

通过梳理、比较与总结上述争论，我们可以得到以下几个重要结论。

套利和套汇活动在某种程度上加快了人民币跨境业务的发展，尤其在人民币跨境使用的初期。套利和套汇行为在实质上就是一种短期资本流动的表现形式，依附在跨境人民币上的套利和套汇活动相当于短期资本项目流动在某种程度上的自由化。

跨境人民币套利活动虽然反映了行政管制和市场干预导致的市场分割，但套利活动对人民币离岸市场的发展起到了重要的推动作用。境外主体或者说非居民之所以愿意持有一种货币，与这种货币能够保值增值直接相关。自人民币跨境流通启动以来，基本保持着人民币流出规模远远高于流入规模的态势，这一方面与人民币缺乏回流渠道有关，但更重要的还是缘于境外投资者更愿意持有高收益人民币资产。

货币国际化的重要经验之一就是必须发展境外离岸市场，因为当一国货币成为全球性的投资工具和储备货币时，大量非居民出于对该国政治、法律、税收等制度的担心，要求在发行国的境外持有该国货币的资产。目前人民币的离岸市场虽然发展较快，但市场广度、深度远远不够，除了中国香港外，其他离岸市场沉淀的人民币资金很少。例如，新加坡和伦敦的人民币存款不到 3000 亿元，纽约和巴黎都还处于萌芽状态。因此，人民币跨境套利对于离岸市场的发展有一定的推动作用。

| 第 | 五 | 章 |

人民币跨境套利指数

随着人民币在国际市场的认可度和接受度不断增强，全球市场对人民币国际化的关注度也越来越高。目前，市场上关于衡量人民币国际化进程的指标体系越来越多，也得到了各界的更多关注。本章主要分析人民币套利机制对人民币国际化的短期驱动力，并综合人民币对其他国际货币的夏普比率构造了人民币跨境套利指数。

第一节　人民币国际化指数综述

本章综合比较了各类人民币国际化指数的构造方式，权重的选取方式，指标的变化及意义。主要包括：中国银行跨境人民币指数、中国人民大学人民币国际化指数、汇丰银行离岸人民币指数、渣打银行人民币环球指数、星展银行人民币动力指数。

（一）人民币国际化指数的构造方式

1. 中国银行跨境人民币指数（CRI）与离岸人民币指数（ORI）

中国银行跨境人民币指数主要跟踪跨境流出、境外流转和跨境回流这一完整的资金跨境循环过程中人民币的使用水平，指标涵盖所有经常项目、有代表性的资本项目和境外流转项目，综合反映收付结算、资金清算等境内外交易中人民币的使用水平，反映人民币在跨境及境外交易中使用的活跃程度。在切入角度上，从人民币跨境资金循环的流转过程着手编制指数；在计量指标上，指数统一采用流量指标来计算，具有解读直观、指示作用突出等方面的特点。该指数以2011年第四季度为基期，基期值为100。

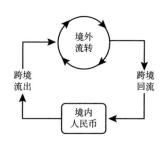

图22　人民币跨境流动路径

中国银行离岸人民币指数主要跟踪人民币在离岸金融市场上的资金存量规模、资金运用状况、金融工具使用等方面的发展水平，共设置五类指标，分别对应人民币行使价值储藏货币、融资货币、投资货币、储备货币及交易货币等五项国际货币职能，加权计算后反映人民币在国际金融市场上的综合发展水平。离岸人民币指数的单位是%。

对比来看，CRI关注人民币的"跨境循环"，描述通过贸易结算或其他经常项目和资本流出入我国以及在境外支付结算中的使用活跃度，体现报告期间人民币在跨境和外循环流动中的"人气水平"；ORI关注人民币的"境外使用"，从各项离岸金融市场活动中人民币占各种货币的比重反映国际化进程，体现截至报告期时点人民币在境外的"规模状况"。

另外，CRI的编制全部使用流量指标，即以一定时间段内各项活动发生额来计算；而ORI的编制基本使用存量指标，即以某个时间点的余额数据来计算。

CRI和ORI两个指数又是紧密联系的。CRI指数的上升意味着人民币在跨境和境外支付结算中使用比例扩大，有利于境外人民币资金存量的积累，提高人民币在离岸市场各项融资活动中的比例，从而推升 ORI 指数。而随着 ORI 指数所反映的境外金融市场人民币的使用日趋增长，离岸市场持有人民币的意愿会相应增加，带动人民币的跨境循环活跃度增加，CRI 也会相应增长。因此这两个指数相互补充、相互印证，共同构成跟踪反映人民币国际化发展状况的完整体系。

2. 中国人民大学人民币国际化指数（RII）

中国人民大学人民币国际化指数根据人民币国际化的定义，选取能够反映人民币行使国际货币功能的两大类指标构建 RII 指标体系。这两类指标与国际货币基金组织颁布的《国际收支手册》中定义的两大类国际经济交易是一致的。第一类指标反映人民币国际计价、清算结算功能，具体包括国际贸易中使用人民币的指标与金融交易中使用人民币的指标；第二类指标反映人民币的国际储备功能。

表 11　人民币国际化指数体系

一级指标	二级指标	三级指标
国际计价 支付功能	贸易	世界贸易总额中人民币结算比重
	金融	全球对外信贷总额中人民币信贷比重 全球国际债券和票据发行额中人民币债券和票据比重 全球国际债券和票据余额中人民币债券和票据比重 全球直接投资中人民币直接投资比重
国际储备功能	官方外汇储备	全球外汇储备中人民币储备比重

注：
世界贸易总额中人民币结算比重 = 人民币跨境贸易金额/世界贸易进出口总额
全球对外信贷总额中人民币信贷比重 = 人民币境外信贷金额/全球对外信贷总额
全球国际债券和票据发行额中人民币债券和票据比重 = 人民币国际债券和票据发行额/全球国际债券和票据发行额
全球国际债券和票据余额中人民币债券和票据比重 = 人民币国际债券和票据余额/全球国际债券和票据余额
全球直接投资中人民币直接投资比重 = 人民币直接投资额/全球直接投资额
全球外汇储备中人民币储备比重 = 人民币官方储备余额/全球外汇储备余额

在上述指标中，部分由于人民币在国际经济活动中使用程度不高，无法直接获取币种机构，所以需要采取以下方式进行处理。其一，对于某些指标，有较可靠的渠道来估计人民币比重，依据尽可能详细的现有信息与数据进行加总，对这些指标进行估计；其二，部分指标没有可靠的渠道进行估计，尽管它们体现着货币国际化的程度，但是也不得不选择放弃。

3. 汇丰银行离岸人民币指数（HSBC Offshore Yuan Index）①

汇丰银行离岸人民币指数是汇丰银行外汇系列指标的一部分，它将外汇指数与人民币联结，能够反映境外投资者对人民币投资不断增长的兴趣，可以直接用于交易和投资。这一系列指数旨在方便投资者投资外汇，它包括汇丰银行单一货币指数（HSBC Single Currency Index Series）和汇丰银行静态市场准入回报外汇追踪系列（HSBC Static Market Access Return Tracker FX Series）。

汇丰银行单一货币指数的一篮子货币中包含了42种货币和黄金，投资者可以使用即期或者远期合约来执行他们的投资。这些指标的目标用户包括养老基金、基金中的基金和其他类型的资产管理者。

而汇丰银行亚洲加权指数（HSBC Asia Weighted Index）会作为投资的基准，从总体上监控亚洲的货币市场。在这一系列产品之后将会推出期权联结的外汇指数产品，而联结其他交易策略的外汇指标也会陆续推出。

4. 渣打银行人民币环球指数（RGI）

渣打银行人民币环球指数旨在衡量离岸人民币使用的总体增长，跟踪人民币商业活动的进程，以数量化的方法掌握驱动人民币使用的离岸活动

---

① 与离岸人民币债券指数（HSBC offshore RMB bond index, CNH Index）不同，CNH Index 主要用于跟踪各种离岸人民币债券的走势。

的最新趋势、规模和程度。渣打银行通过以下方面计算人民币的使用：人民币财富的贮藏量、人民币贸易结算额、人民币资本募集量和外汇市场人民币交易量。从而使人民币环球指数能够识别人民币在长期上升趋势中的波动。

渣打银行人民币环球指数为月度数据，目前主要跟踪中国香港、伦敦、新加坡、中国台湾和纽约的离岸人民币数据，并主要通过四个参数跟踪上述的人民币使用方式：①人民币存款；②点心债和大额存单；③贸易结算和其他国际支付；④外汇交易量。

为补充人民币环球指数，渣打银行进而推出了离岸人民币公司调查（Offshore Renminbi Corporate Survey）。这一调查每季度进行一次，目的在于估计过去 6 个月离岸人民币实际使用的变化量，以及预测接下来 6 个月的趋势。起初，调查对象主要来自 16 个地区，其中 51% 来自中国香港，35% 来自亚洲其他地区，14% 来自欧洲，而随着人民币国际化的不断发展，调查对象的分布也在不断扩张。

离岸人民币公司调查主要的关注调查对象是否参与或者计划参与六个领域的离岸人民币活动：离岸人民币存款、人民币贸易结算、香港离岸人民币外汇交易、发行点心债、离岸人民币贷款和对人民币资产的组合投资。

5. 星展银行人民币动力指数（DRIVE）

星展银行（香港）有限公司推出的"星展人民币动力指数"，是业界首个专门衡量中国香港注册公司使用人民币的水平、对使用人民币的接受和渗透程度的指数。该指数是在抽样调查的基础上得出的综合指数，调查于每个季度进行，通过电话访问 211 家香港公司的企业主和企业决策者。访问覆盖的行业包括制造业、建造业、批发业、零售业、进出口贸易业、饮食业、酒店业/地产业、运输业/通信业、商用服务业、个人服务业等。具体公司的分布如表 12 所示。

表 12　调查对象的分布情况

公司每年营业额(单位:港元)	占比(%)	公司每年营业额(单位:港元)	占比(%)
10 亿元以上	0.3	1000 万 ~ 2000 万	4.1
5000 万 ~ 10 亿元	4.1	100 万 ~ 1000 万	47.0
2000 万 ~ 5000 万	5.4	20 万 ~ 100 万	39.1

调查样本由 200 家中小型企业 (每年营业额 20 万 ~ 10 亿港元) 和 11 家大型企业 (每年营业额达 10 亿港元以上) 组成。中小型企业的样本抽选以香港政府统计处公布的公司行业和营业额分布为基础通过配额抽样方式进行;研究中包括了大型企业,以扩大代表性。参照香港政府统计处发布的资讯,最终抽选样本会经过加权计算,以确保能代表香港的商业环境。

"星展人民币动力指数"根据四个主要组成部分进行调查,主要包括:①企业过去 12 个月的实际业务表现及未来 12 个月的预期表现,两者为推动企业对人民币需求扩大的基本条件;②企业过去和未来对使用人民币经营业务的需求;③企业对人民币贸易结算服务的需求;④企业获得人民币融资的难易度。

上述因素的加权综合构成整体数值介于 0 至 100 之间,数值越大,代表人民币在企业层面的接受程度和渗透程度越高。首次公布的数值为 54.9 (2012 年第四季度),之后的所有数据均根据首次公布的指数做出分析。

(二) 人民币国际化指数的权重选取

1. 中国银行跨境人民币指数与离岸人民币指数

关于跨境人民币指数,中国银行对计算方法的披露较少。但针对离岸人民币指数,中国银行有着较为具体的披露。离岸人民币指数共设置五类指标，包括离岸人民币存款在所有货币离岸存款中的比重、离岸人民币贷款在所有货币离岸贷款中的比重、以人民币计价的国际债券和权益投资余额在所有币种中的比重、全球外汇储备中人民币的占比、人民币外汇交易量在所有币种外汇交易量中的占比，分别对应于人民币行使价值储藏货币、融资货币、投资货币、储备货币、交易货币等五项国际货币职能。而两个指数具体的权重设置，目前都没有披露。

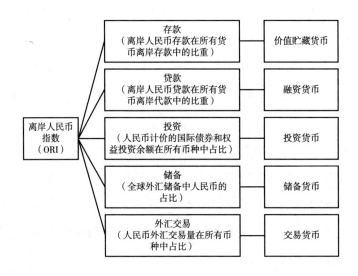

图 23　中国银行离岸人民币指数的结构

2. 中国人民大学人民币国际化指数

中国人民大学人民币国际化指数的指标体系中每一个指标本身都是比重，不存在数量级差别，因此无须进行无量纲化处理，可以直接进行加权平均并编制，公式如下：

$$RII_t = \frac{\sum_{j=1}^{K} X_{jt}\omega_j}{\sum_{j=1}^{K} \omega_j} \times 100$$

　　其中，X_{jt} 表示第 j 个变量在第 t 期的数值，ω_j 为第 j 个变量的权数①，K 为变量的个数。由于每个指标都是在全球总量中的占比，因此在此基础上构造的指数具有完全的横向可比性和动态可比性。

　　据公式可知，RII 的数值范围为 0～100%，数值越大说明人民币在国际经济中发挥了更大的货币职能，其国际化程度也就越高。

　　3. 汇丰银行离岸人民币指数

　　汇丰银行离岸人民币指数主要是从外汇角度出发，将通过指数跟踪离岸人民币对 42 种货币和黄金的兑价，从而便于投资者进行外汇投资。

　　4. 渣打银行人民币环球指数

　　如上文所述，渣打银行人民币环球指数四个参数的权重分别为 WD、WS、WT 和 WF，其权重与它们的方差呈反比。具体公式如下：

$$RGI(t) = RGI(t-1) \times \left[WD \times \frac{DEPO(t)}{DEPO(t-1)} + WS \times \frac{DSCD(t)}{DSCD(t-1)} + \right.$$
$$\left. WT \times \frac{TSIP(t)}{TSIP(t-1)} + WF \times \frac{FXTO(t)}{FXTO(t-1)} \right]$$

　　其中，RGI 将 2010 年 12 月作为基准月，基础值为 100；

　　$DEPO$ 表示合格市场中未偿的离岸人民币存款 3 个月移动平均值的和（包括当地中央银行、货币当局、其他可靠的官方来源；如果没有定期公布的数据，则使用最近的可用数据）；

　　$DSCD$ 表示全球点心债和离岸人民币大额存单中未偿债券的 3 个月移动平均值（以 Bloomberg 的数据为基准）；

　　$TSIP$ 表示合格市场中人民币贸易结算和其他人民币国际支付的 3 个月移动平均值的和（以 SWIFT WATCH 的数据为基准）；

　　$FXTO$ 表示合格市场中离岸人民币外汇交易额的 3 个月移动平均值的

---

① 具体权重的构造方法未说明，但按照其逻辑结构来看，应该是按照国际收支平衡表中的比例关系确定的。

和（数据来自渣打银行的估算）。

合格市场须是符合以下三个标准的离岸市场：①市场能够提供可得的、可靠的、可追踪的数据；②市场中离岸人民币的流量必须大于或等于指数中香港在基年的离岸人民币流量规模；③市场被广泛认同为离岸人民币中心，或者有可能成为离岸人民币中心。

5. 星展银行人民币动力指数

"星展人民币动力指数"根据上述四个组成部分中的六个问题作为基础数据，并使用六个主要问题的因子分析计算出加权平均值，其中每个主要问题的权重用各主要问题之间的统计方差和相关性计算。所计算的得分将会重新调整为介于 0～100 的数值。

每个季度/期间指数根据以下公式计算：

$$指数(i,j) = \frac{\sum_{i=1}^{K}\sum_{j=1}^{K}W_{j}Q_{ij}^{*}}{N}$$

其中，　N = 这一期间的样本规模；

K = 选取问题的数目；

Q_{ij}^{*} = 选取问题的回应(调整至 0～100)；

W_{j} = 个别问题的权重。

（三）人民币国际化指数的变化和意义

1. 中国银行跨境人民币指数与离岸人民币指数

中国银行跨境人民币指数 2013 年在经历了第 1 季度较快增长和第 2、第 3 季度的平稳运行与小幅波动后，再次呈现台阶式上升，显示境内外客户在跨境及离岸交易中使用人民币的活跃度快速上涨。数据显示，2013年第 4 季度跨境人民币指数比上年同期上升 82 点，增长 56%，增幅创历史新高；第 4 季度跨境人民币指数较第 3 季度上涨 38 点，增长 20%。

从人民币"出、转、回"全流程来看，2013 年第四季度人民币在境

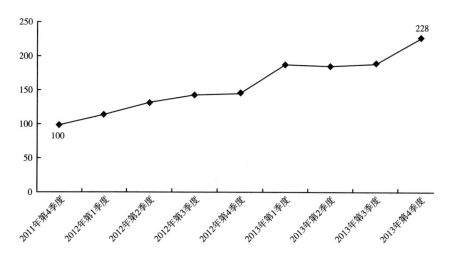

图 24　中国银行跨境人民币指数

外市场的流转使用活跃度环比显著提高，其中境外市场支付结算中使用人民币的比例上升 0.15 个百分点，对指数增长的贡献度大幅提高。

再从横向来看，美元跨境使用的活跃度约为 1400，欧元约为 1000，英镑约为 650，可以看出人民币跨境使用的活跃度与主要国际货币相比还有比较大的提升空间。

总体上看，跨境人民币指数体现的人民币国际化走势是：推进平稳，渐进之中有突进；贸易为主，新亮点不断涌现。

根据计算，2013 年年底中国银行离岸人民币指数为 0.91%，意味着在离岸存贷款等国际金融市场活动中，人民币占所有货币的份额为 0.91%。2011 年年底和 2012 年年底 ORI 的数值分别为 0.32% 和 0.50%，表明近两年来，境外市场各项金融活动中使用人民币的份额快速上升。其中，2013 年全年上升 82%，上升幅度较 2012 年有所扩大，说明人民币国际化的步伐进一步加快。

从离岸人民币指数的具体构成上看，五项指标对增长贡献各不相同：①离岸人民币存款对 ORI 指数上升的贡献最为明显；②离岸人民币贷款

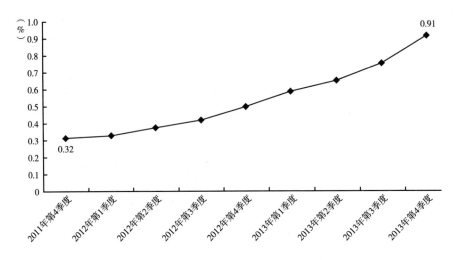

图 25　中国银行离岸人民币指数

快速增长但总量仍十分有限；③离岸人民币债券和权益投资成为国际化的新兴领域；④人民币作为国际储备货币功能有望继续提升；⑤人民币在外汇交易中的份额增长迅速。

从区域上看，中国香港是最大的离岸人民币中心，2013 年年底香港对离岸人民币指数的贡献达 62%；东盟是极具潜力的离岸人民币市场；欧洲地区离岸人民币市场加快发展；非洲、中东、南美等地人民币的存量和使用规模虽然暂时还比较有限，但潜力巨大。

2. 中国人民大学人民币国际化指数

2011 年第 1 季度至 2012 年第 4 季度，RII 季度平均增长率达19.06%，增长迅猛。人民币国际化进程处于初步发展阶段，高增长率表明人民币的国际认同度不断提高，同时体现了人民币成为国际货币的无限潜力与上升空间。

自 2011 年，特别是进入 2012 年以来，人民币国际化进程呈现出稳步推进与高增长率理性回归的明显特征，这对人民币稳步成为国际货币以及国家经济金融安全都具有至关重要的作用。人民币跨境使用相关政策出台

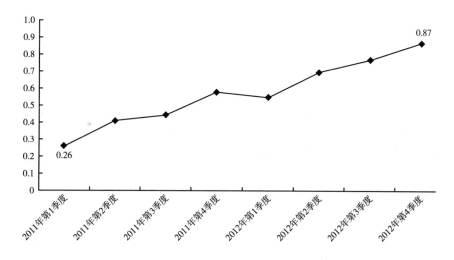

图26　中国人民大学人民币国际化指数

后结算规模飞速增长的情况将逐渐消失，取而代之的将是人民币跨境使用趋于合理规模，结构不断完善，实现稳健增长。

　　从 RII 的变动结构来看，国际贸易计价结算功能是货币国际化的基础，而 2012 年跨境贸易人民币结算规模全球占比保持了平均 46.39% 的高增速，人民币跨境贸易结算的大发展主要来源于制度创新与市场需求增加；而人民币作为国际金融计价结算货币的全球占比也保持了较高速度的上涨趋势，并且有加速的迹象，特别是人民币直接投资成了人民币跨境使用的新的增长点；在外汇储备功能方面，截至 2012 年，马来西亚、韩国、柬埔寨、菲律宾、尼日利亚、白俄罗斯等国已将人民币纳入其外汇储备，而且随着中国对 IMF 增资，中国在 IMF 的话语权将增大，人民币也将越来越多地发挥官方外汇储备的货币功能。

　　再从货币国际化的横向对比来看，美元、欧元、日元和英镑四大主要货币的国际化指数呈下降趋势，这在截至 2012 年第 4 季度表现格外明显：较 2011 年同期，四大货币的国际化指数数值下降了 3.4 个百分点。但目前人民币与它们仍存在着较大的差距。

表 13　四大货币的国际化指数

季度	2011Q1	2011Q2	2011Q3	2011Q4	2012Q1	2012Q2	2012Q3	2012Q4
美元国际化指数	52.15	53.10	52.37	52.41	52.48	53.62	53.35	52.34
欧元国际化指数	29.50	27.09	26.42	26.79	26.66	26.10	25.38	23.60
日元国际化指数	3.95	4.19	4.62	4.48	4.21	4.68	4.64	4.46
英镑国际化指数	4.32	4.91	4.55	4.10	4.33	4.73	4.82	3.98
总　计	89.92	89.29	87.96	87.78	87.68	89.13	88.19	84.38

3. 汇丰银行离岸人民币指数

汇丰银行并未公布离岸人民币指数的相关数据，其官方网站对人民币产品的介绍[①]中只是模糊地提及了外汇联结的结构性存款和票据、人民币外汇期权等。

汇丰银行离岸人民币指数的相关介绍主要来源于《华尔街日报》的一篇文章[②]，里面记录了对汇丰银行外汇与贵金属衍生品全球总裁 Vincent Craignou 的一些采访，而且这一指标主要是汇丰银行服务于客户的产品，具体情况极可能并不对外公布[③]。

4. 渣打银行人民币环球指数

2010 年 12 月到 2012 年 9 月，渣打银行人民币环球指数已经翻了 7 倍，离岸人民币发展迅速。而在 2011 年第 4 季度和 2012 年第 1 季度，人民币环球指数出现了短暂的向下波动，反映了欧债危机的影响。

根据最新的研究，人民币环球指数已经上升到了 1586 的新高点，同比增长 86.5%，环比增长 6.8%。这一数据反映了近期外汇波动率上升的开端。而且当前人民币贸易结算已经占到中国商品贸易总额的 19.2%，

---

① 详见 http://www.rmb.hsbc.com/。

② 详见 http://blogs.wsj.com/exchange/2011/03/30/hsbc-launches-offshore-yuan-index/。

③ 当然，存在另一种可能，就是这一产品当时只是一种设想，限于某些原因并未实际推出。

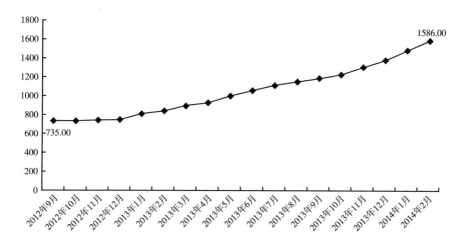

图 27　渣打银行人民币环球指数

一直处于上升趋势；香港的人民币存款也达到了 9200 亿元人民币的高位，比 1 月增加 270 亿元。新近的人民币环球指数反映了这些利好。

目前，点心资产的互换依旧活跃，中国台湾的人民币存款增长迅速，而与欧洲的合作将会开启人民币欧洲支付的加速进程。另外，从长远来看，CIPS 的使用将改变游戏规则，并且为离岸清算中心带来额外的竞争，加速人民币国际化的进程。

5. 星展银行人民币动力指数

自推出以来，星展人民币动力指数一直保持平稳状态。其研究成果主要如下：①五个季度以来，没有证据显示人民币在企业的渗透率呈上升趋势，香港企业仍然有限度地使用人民币，但使用趋势正慢慢增加；②2013 年第 4 季度使用人民币服务及产品的比例达到了历史高位，30% 的企业使用量对于离岸中心的发展前景来说是利好；③五个季度以来，企业对大部分人民币产品均没有持续使用的趋势，市场也正在致力发展人民币产品和相关金融结构性产品来提高企业对产品的需求；④市场上的短期流动性人民币工具不足；⑤在有记录的五个季

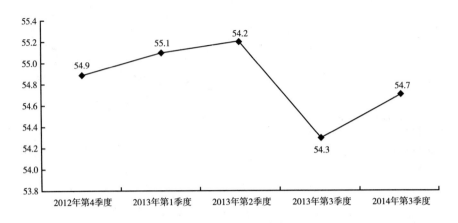

图 28　星展人民币动力指数

度中，经济状况/经济前景与企业对人民币的实际/计划使用量两者之间并无持续出现正的相关性；⑥个人人民币财富管理产品处于起步阶段，将来可以蓬勃发展；⑦利好的政策仍为支持企业使用人民币的关键动力。

第二节　人民币跨境套利指数

（一）人民币跨境套利指数构造原理

人民币跨境套利指数主要是反映人民币跨境贸易结算过程中存在的套息交易动机。所谓套利交易（carry trade），是指利用不同国家或地区货币短期利率的差异，从利率较低的国家或地区借入资金，投资于利率较高的国家或地区，从中获得利息差额收益的一种外汇交易。套利交易的货币分为融资货币和投资货币，在当前全球宽松的货币环境中，融资货币一般是利率较低的货币例如日元、瑞士法郎和美元，投资货币是利率较高的货币，例如澳大利亚元、新西兰元、人民币等。由于套利交易都没有对冲汇率风险，因此汇率的意外波动会较严重地侵蚀利差收益。要成为套利交易的投资货币，需要满足三个条件：①有相对稳定的利差；②汇率波动率较低；③货币流动性较高。

2008 年，美国实施量化宽松货币政策之后，与其他国际货币相比，人民币属于高利率、低波动的货币，属于跨境套利交易中的投资货币。此前，受制于严格的资本管制措施，人民币的跨境套利渠道并不畅通。2009年 4 月 8 日国务院常务会议正式决定，在上海和广州、深圳、珠海、东莞等城市开展跨境贸易人民币结算试点。2011 年 8 月 23 日，人民币跨境贸易人民币结算境内地域范围扩大至全国，随后，与中国大陆贸易密切相关的各大经济体相继设立人民币跨境贸易清算行。此后，人民币自由流动的贸易渠道逐渐打通，人民币潜在的缓慢升值空间，以及稳定的利差开始成为人民币国际化的重要驱动力。

（二）人民币跨境套利指数构造方法及意义

本部分构造的人民币跨境套利指数旨在采用数量化的方法衡量人民币跨境贸易中的套利因素。首先，计算人民币与其他主要贸易结算货币之间的夏普比率，用双边利差除以双边汇率的波动率，获得剔除汇率波动率的相对利差。然后，根据各主要经济体引入人民币清算行的时序，引入该经济体的人民币贸易结算作为相应的权重，最后，加权获得人民币跨境套利指数。

考虑一个基本的人民币跨境套利行为，可以将国际金融资产交易分解为三个市场的行为：一是人民币借贷资金的金融市场；二是以本国货币交换外国货币的外汇市场；三是以外国货币借贷资金的金融市场。名义汇率是第二个市场的价格，利率是国内外金融市场的价格。人民币跨境套利指数则涵盖了外汇市场套汇和金融市场套利过程。

人民币跨境套利指数为月度数据，目前主要是跟踪中国香港、伦敦、新加坡、中国台湾和澳大利亚的离岸人民币数据，并主要通过三个参数跟踪上述的人民币使用方式：①人民币汇率（兑其他五种货币）；②人民币存款或结算金额；③离岸市场外币利率。

在双边利差的基础上，剔除汇率波动率的影响，即可得到人民币对外币的夏普比率。

$$Sp = \frac{r_{rmb} - r_i^*}{vol(e_{rmb})} \tag{1}$$

$r_{rmb} - r_i^*$ 代表人民币利率与外币 3 个月利率之差，$vol(e_{rmb})$ 代表人民币对外币 3 个月的波动率。

权重构造方法。权重主要考虑双边人民币贸易结算的货币敞口。假设样本经济体数为 N，国家 j 与中国内地的人民币结算金额占人民币跨境贸易结算总额的比率为权重。

$$w_{jt}^A = \frac{A_{jt}}{\sum\limits_{j=1}^{N} A_{it}} \tag{2}$$

w_{jt}^A 代表经济体 j 的权重，A_{jt} 代表经济体 j 与中国内地的人民币结算金额。

以设立人民币清算行为基准，逐步引入各经济体的权重。

一是中国香港市场，2003 年 12 月 24 日，中国人民银行发布公告，决定授权中国银行（香港）有限公司作为香港银行个人人民币业务清算行。

二是伦敦市场，2011 年 9 月加入英镑和欧元。2011 年，中英政府发表联合声明，欢迎私营部门对发展伦敦人民币离岸市场和该市场最新发展情况的兴趣。伦敦金融城还为此成立了一个由私营机构代表组成的工作小组，以推动伦敦人民币业务的发展。2012 年 4 月，汇丰银行在伦敦发行中国之外的首只人民币债券，募集规模为 10 亿元，发行对象主要是英国及欧洲大陆国家的投资者。

三是新加坡市场，2012 年 5 月加入新加坡元。2012 年 7 月，中新政府签署换文，表示在《中新自由贸易协定》框架下，中方将在新加坡持有全面银行牌照的中资银行中选择一家作为新加坡人民币业务清算行。2013 年 2 月，中国人民银行最终授权中国工商银行新加坡分行担任新加坡人民币清算行。

四是中国台湾市场，2012 年 8 月加入新台币。2012 年 8 月，大陆与台湾货币当局签署《海峡两岸货币清算合作备忘录》。双方同意以备忘录确定的原则和合作架构建立两岸货币清算机制，双方将各自选择一家货币清算机构为对方开展本方货币业务提供结算及清算服务。2012 年 12 月，中国人民银行授权中国银行台北分行作为台湾人民币业务清算行。

五是澳大利亚市场。2014 年 2 月 18 日，中国银行悉尼分行与澳大利亚证券交易所在悉尼举行人民币清算协议签字仪式，成为澳大利亚人民币清算系统的唯一清算行。

从图 29 可以发现，自 2010 年 6 月人民币重启汇改至 2011 年 6 月，

图 29　2010 年 6 月至 2014 年 3 月人民币跨境套利指数

人民币跨境套利指数出现了小幅波动后，开始快速上涨。与此相对应，人民币国际化在跨境贸易结算与离岸人民币市场方面取得了显著进展。从2009 年第四季度到 2011 年第二季度，跨境贸易人民币结算额由 36 亿元人民币增长至 5973 亿元人民币。境外人民币存款余额（包括中国香港、新加坡、伦敦、中国台湾和澳大利亚，下同）自 2010 年下半年起一路攀升，由 2010 年 6 月底的 897 亿元人民币上升至 2011 年 6 月底的 5536 亿元人民币。

2011 年 7 月至 2011 年年底，受欧债危机冲击，人民币跨境套利指数大幅下跌。与此同时，人民币国际化进程在跨境贸易结算与离岸人民币市场这两方面均陷入停滞状态。跨境贸易人民币结算额由 2011 年第二季度的 5973 亿元下降至 2011 年第四季度的 5390 亿元人民币。而跨境贸易人民币结算额占进出口贸易总额的比重，则由 2011 年第二季度的 10.2% 下降至 2011 年第四季度的 8.8%。

2012 年 1 月至 12 月，国内外经济形势较为稳定，人民币跨境套利指数平稳上升。人民币国际化也在稳步推进。跨境贸易人民币结算额从2012 年第一季度的 5804 亿元上升至 8890 亿元，境外人民币存款增长了654 亿元人民币，达到 5968 亿元。

2013 年 4 月至 8 月，受人民币升值预期影响，人民币跨境套利指数再次呈现台阶式上升，显示境内外客户在跨境及离岸交易中使用人民币的活跃度快速上涨。同期境外人民币存款增加了 782 亿元，人民币跨境贸易结算达到 17551 亿元。

2014 年 2 月至 3 月，受第三次汇改影响，人民币跨境套利指数大幅下跌，同期境外人民币存款增量有所下降，从 1 月 648 亿元的增幅下跌到459 亿元增幅；人民币跨境贸易结算仅在 2 月下降至 4378 亿元，3 月又重拾上涨势头至 6620 亿元。

总体上看，跨境人民币套利指数体现了人民币国际化中存在的套利动机。从图 30 也可发现，随着跨境贸易结算与实体经济的联系日益紧密，二者的相关性有所削弱。

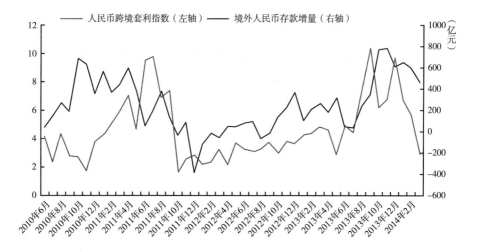

图 30　人民币跨境套利指数与境外人民币存款增量

第 | 六 | 章 |

人民币跨境清算指标体系

从 2009 年 7 月我国启动跨境贸易人民币结算试点至今，人民币国际化取得了长足的进展，其中的重要标志就是人民币跨境贸易清算额快速增长。由于目前境外的离岸人民币市场尚处于发展初期，人民币在境外使用渠道非常有限，人民币国际支付清算业务主要为跨境支付业务。与之相应，我国人民币跨境清算渠道也仅仅支持跨境支付业务，尚未形成严格意义上的人民币国际清算系统。本章分析了人民币跨境清算系统的现状，并根据跨境清算体系的法律合规性，监管有效性，支付清算体系的安全性、稳健性、有效性，建立了一套人民币跨境清算体系指标，在此基础上分析了我国人民币跨境清算系统的缺陷和不足，并提出了相应的政策建议。

第一节 人民币跨境清算系统现状

人民币跨境、跨地区、跨行清算主要通过中国现代化支付系统（CNAPS）来完成，中国人民银行为最终清算者和金融市场监督管理者。系统由两个应用系统组成并处理各类的贷记和借记业务，一是大额实时支付系统（HVPS）每天 8：00 至 17：00 实时全额结算（RTGS）并逐笔处理业务。二是电子支付系统（BEPS）24 小时连续运行，对批量业务的处理通过城市处理中心（CCPC）和国家处理中心（NPC）分别清算。参与者为所有在中国人民银行地市及以上分支行账簿上拥有准备金存款账户的机构，包括商业银行地市级以上分支行、城市信用联社和农村信用联社、中国人民银行地市以上分支行的会计部门和国库部门。跨境支付业务处理主要采取三种模式。第一种是境外清算行模式，即香港、澳门地区等境外人民币业务清算行作为境外直接参与者接入大额支付系统，处理人民币资金的跨境结算和清算。第二种是境内代理行模式，即境内商业银行作为境内直接参与者接入大额支付系统，代理境外商业银行进行人民币资金的跨境结算和清算。第三种是境外机构人民币结算账户模式（NRA账户模式），即经中国人民银行核准，符合条件的境外机构可以在境内商业银行开立非居民人民币银行结算账户（NRA账户），境外机构通过其在境内银行开立的人民币账户直接与境内机构进行人民币结算。

目前我国跨境人民币结算模式有：代理行模式、清算行模式以及NRA账户模式。代理行清算模式即具备国际结算能力的境内银行与境外银行签署人民币代理结算协议，为其开立人民币同业往来账户，通过境内银行代理并借助境内人民银行支付清算系统完成人民币的跨境支付。早于跨境贸易人民币结算，我国跨境人民币结算清算行模式就已经出现在香港、澳门地区。2003年、2004年起，中国银行（香港）有限公司和中国银行澳门分行作为港澳地区人民币业务清算行，成为人民银行跨行支付系统的直接参与者，与境内银行传递清算信息，进行跨境人民币资金的清算与结算。除中银香港、中银澳门作为港澳地区清算行以外，还有新增的台北清算行和新加坡清算行。2012年12月11日授权中国银行台北分行担任台湾人民币业务清算行。中国人民银行2月8日宣布，中国工商银行新加坡分行为人民币清算银行，并于4月2日正式开始启动清算服务。NRA账户模式则是：经中国人民银行当地分支行核准，境外企业在境内银行开立非居民银行结算账户，并直接通过境内银行行内清算系统和中国人民银行跨行支付系统完成人民币资金的跨境清算与结算。由于在实际业务开展过程中绝大多数采用代理行和清算行模式，这两种模式在操作上更接近，更具有可比性。

（一）代理行模式与清算行模式比较

从结算流程的逻辑上来看，无论采用代理行模式还是清算行模式进行结算，本质上都不会改变跨境贸易结算的基本流程（详见图31、图32），清算行可视为特殊的代理行。代理行模式下，境外参加银行在境内代理行开立人民币同业往来账户；清算行模式下，境外参加行在境外指定清算行开立人民币同业往来账户。清算行和代理行均是代理境外银行与境内银行进行资金划拨。

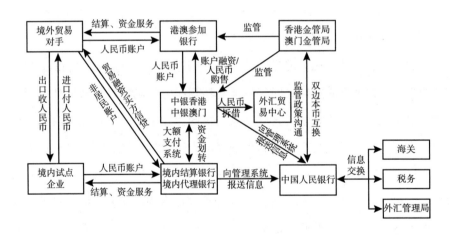

图 31　清算行模式下的结算流程

从清算系统上来看，两种结算模式差异明显。表 14 比较了代理行与清算行模式在跨境清算的异同。两种清算模式均涉及 SWIFT 信息报送系统用于境外银行与境内银行间的清算信息传递，中国现代化支付系统（CNAPS）的大额支付系统实现境内银行间、境内银行与清算行间的资金划拨。不同的是，代理行模式还需要借助内地银行行内系统；清算行模式还依托香港 RTGS 系统以及中国银行行内系统。

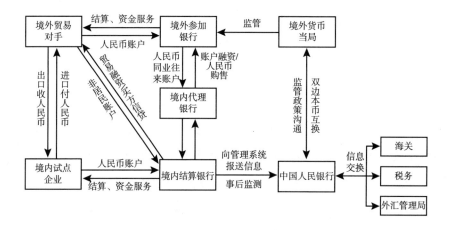

图 32　代理行模式下的结算流程

表 14　代理行模式与清算行模式比较

	代理行模式	清算行模式
清算系统	SWIFT、中国现代化支付系统（CNAPS）、内地银行行内清算系统	中国现代化支付系统（CNAPS）、香港人民币即时支付结算系统 RTGS、SWIFT、中国银行行内系统
清算渠道	境外参加银行在境内代理银行开立的人民币同业往来账户	境外参加银行在中银香港、中银澳门开立的人民币同业往来账户

　　在企业资金运转费用方面，代理行模式和清算行模式的费用差异在于：在前端银行收取汇款费用外，通过清算行渠道清算境外清算行要收取清算费用。中银香港在香港汇入内地的业务中收取 18 元/笔（系统自动）或 80 元/笔（人工转汇），内地汇入香港的业务中收取 40 元/笔的汇费。采取内扣或按月收取方式。企业跨境人民币结算采用代理行模式的费用更低。

　　从银行资金运营成本来看，清算行资金占用较大，且大部分存在深圳（珠海）人民银行且利率大约 0.72%。仅有极少部分清算资金可以进入境内银行间市场获取相对高的收益。境外银行通过清算行清算，存留在中银香港（澳门）的清算资金回报率低于 0.72%；通过代理行模式开立同业往来账户可获得活期存款的利率，实际上，利率由双方银行协商，存款利率高于清算行模式下清算行、参加行的资金存款利率。但清算行资金属于境外资金，调拨较为灵活，享受离岸市场人民币购售业务等天然优势，而代理行资金调拨受到的限制较多，购汇方面灵活性较差。一些实力比较雄厚、境外分支机构比较多的商业银行更乐于采取清算行模式。而境外分支机构较少的商业银行则愿意采用代理行模式，以防止受到清算行模式下清算行垄断地位的影响。从清算效率上来看，使用清算行模式，中银香港已实现人民银行大额支付系统与港澳清算行系统无缝对接，可以自动将海外 SWIFT 报文进行实时处理，资金清算速度较快，目前清算行的跨境汇款自动化比率达到 85% 以上。代理行模式下，若境内银行是境外该银行的代理行，同时又是收款行或者付款行，清算过程无须通过大额支付系统，清算效率最高；否则涉及第三方银行，将不可避免地经过 SWIFT 报文与大额支付系统报文转化，效率高低取决于境内各代理行报文转化自动化程度。总之两种模式不同情形下清算效率有所差别。因此，在清算行与代理行的选择上，具有较为普遍的规律。商业银行在办理跨境结算业务时，首先考虑境外银行是否该行的代理客户，若是，则通常选择代理行模式进行结算。除非客户有特殊要求按照清算行模式进行结算。可见，代理账户网络覆盖的境外银行越多，将有效促进代理行模式结算量的增长，但这取决于境外银行开立同业往来账户的意愿。

（二）人民币 NRA 账户

跨境贸易人民币结算试点启动后，上海、广东先后放开境外机构在境内开立人民币银行结算账户（简称人民币 NRA 账户）。在云南、广西等边境地区，也有境外企业和个人在境内开立人民币账户，用于跨境贸易人民币结算。为规范相关账户的开立和使用，加强账户管理，2010 年 9 月 2

日，中国人民银行发布了《境外机构人民币银行结算账户管理办法》，经其当地分支行核准，境外企业可在境内银行开立非居民银行结算账户，直接通过境内银行行内清算系统和中国人民银行跨行支付系统完成人民币资金的跨境清算与结算。2012 年 7 月《中国人民银行关于境外机构人民币银行结算账户开立和使用有关问题的通知》的发布，进一步明确了账户的业务范围。

人民币 NRA 账户并非真正意义的离岸账户，而是境内账户，受内地监管当局的监管，尽管不纳入外债指标管理，但需在境内纳税。与离岸账户相比较，人民币 NRA 账户不仅在功能上存在本质差异，而且也没有监管上和税收上的优势。境外机构开户使用的积极性一定程度受到影响。但人民币 NRA 账户具有其业务优势，主要体现在三个方面：①节约资金的在途时间。境内外机构可以在同一家银行开户，使用内部系统转账，便于客户资金管理以及调度。②节约资金成本。人民币 NRA 账户的开立节约了客户资金划转的成本，减少了手续费、邮电费等相关费用的支出。③NRA账户币种齐全。包括美元、港元、欧元、日元、英镑、澳元、加拿大元、瑞士法郎、新加坡元等主要币种。

实际操作中采用 NRA 账户进行跨境结算的非常少。一方面，境外企业在境内开立账户的意愿较低，不愿意将企业信息暴露，尤其是大型企业；另一方面，NRA 账户资金使用限制较多，优势不明显。

第二节　人民币跨境结算指标体系

人民币跨境结算属于金融基础设施的一种形式，有一套系统的指标体系。2008 年世界银行系统评估了全球 128 个国家支付结算系统。该评估报告将支付结算体系分为两个层次：第一是宏观层面，包括法律的安全性和监管的稳健性，主要涉及在所有相关的司法管辖范围内，支付系统应当具备健全的法律基础；支付结算体系是否有严格稳健的监管；第二是微观层面支付结算体系的安全性、可靠性和有效性。按照这一分类方法，我们可以设计相应的指标来构建人民币跨境支付结算指数体系。

为了有效测度当前人民币跨境结算基础设施的进展程度，本部分编制了两类指标：一类是跨境支付结算体系的法律和监管框架指标，另一类是跨境支付系统的安全性、可靠性、有效性指标。两类指标都采用打分体系，分数越高表示该系统越完善。

1. 法律与监管指标

（1）现有法律框架下的核心法律概念

a. 在相关的司法管辖范围内，人民币跨境支付具备健全的法律基础

b. 最终清算时间安排透明

c. 认可电子支付流程

d. 抵押品/回购协议强制支付证券利息

e. 跨境支付系统中的抵押品防止引入第三方抵押品请求

如果满足上述全部答案	8 分
如果上述答案只有一项不满足	6 分（必须满足答案 a）
如果满足 2~4 个答案	4 分（必须满足答案 a）
如果只满足答案 a	2 分
如果满足答案 b 和 c，以及 d 或 e	2 分
其他	0 分

（2）中央银行对审查支付系统的法律权力

a. 明确授权，授予中央银行运营、监管和审查跨境支付系统的权力

b. 监督权力即将纳入中央银行法

c. 监督权力即将纳入支付系统法律

d. 监督权力即将纳入其他法律

e. 在"保证国内支付功能充足且安全"的情况下，一般性授权

如果满足答案 a	4 分
如果满足答案 b、c、d 或 e	2 分

2. 跨境支付系统的安全性、可靠性、有效性指标

（1）流动性风险

央行是否为跨境支付结算提供流动性支持

a. 是否与贸易投资密切的伙伴国签订了双边货币互换

b. 是否与主要发达国家均签订了双边货币互换

c. 是否与所有贸易伙伴国均签订了双边货币互换

如果满足所有上述答案	3 分
如果满足答案 a 或 b	2 分

日间流动性来源

a. 日间期初结余和从其他市场参与者处获得的融资

b. 日间市场参与者可以使用部分法定准备金

c. 日间市场参与者可以使用全部法定准备金结余

d. 银行间信贷额度

e. 实时全额结算系统运营商允许透支往来账户

f. 实时全额结算系统运营商以贷款或回购方式授权信贷

如果满足答案 b 或 c 和 e 或 f	3 分
如果只满足答案 b 或 c，或只满足答案 e 或 f	1.5 分
如果满足答案 d 和 b、c、e、f 的任一项	1.5 分
其他	0 分

在市场参与者的往来账户中对实时全额结算系统运营商没有足够的结余/信贷用于处理新的支付的情况下采取的机制

a. 支付订单立即被拒绝

b. 支付订单排队等待以后处理

如果满足答案 b	2 分
其他	0 分

（2）运营商/日内流动性提供者面临的信用风险

实时全额结算系统运营商在系统内授权信贷/允许往来账户透支可能导致其增强信用风险管理

a. 所有情况下都要求高质量抵押品

b. 所有情况下都要求抵押品，但抵押品质量并非总是合格的

c. 限制往来账户透支/信贷，但没有担保要求

d. 对账户透支/信贷没有限制或担保要求

如果满足答案 a	0 分
如果满足答案 b 或 c	−1.5 分（减法）
如果满足答案 d	−3 分（减法）

（3）系统弹性与业务连续性

a. 有适当的例行程序进行定期数据备份

b. 除了主要的处理场所，还保留磁带以及其他储存媒介

c. 主要处理场所配置备份服务器

d. 存在一个设备齐全的备选处理场所

e. 实时全额结算系统运营商发布正式的业务连续性计划

f. 业务连续性协议包括危机管理和信息传播程序

g. 定期测试业务连续性协议

如果满足所有上述答案，或除了 c 的所有答案	6 分
如果满足答案 d ~ g	6 分
如果满足除了 d 的所有答案	4 分
如果满足答案 a ~ e，也可以不满足答案 c	4 分
如果满足答案 a ~ c 和答案 e	3 分
如果满足答案 d 和 e	3 分

如果满足答案 a ~ c   2 分

如果只包括答案 a 和 b，或没有答案   0 分

（4）效率

是否形成跨境支付结算网络

a. 是否在贸易投资密切的伙伴国设立清算行或代理行

b. 是否在主要发达国家的金融中心设立清算行或代理行

c. 是否在全球时区均有清算行或代理行

如果满足所有上述答案   3 分

如果满足答案 a 或 b   2 分

实时全额结算系统与其他主要清算系统的集成

a. 中央银行运营的中央证券托管系统拥有与实时全额结算系统的实时交互界面

b. 股票交易所或其他私人部门实体运营的中央证券托管系统拥有与实时全额结算系统的实时交互界面

如果对以上两个问题的答案均为是   2 分

其他   0 分

（5）访问规则与政策

实时全额结算系统访问规则与政策

a. 实时全额结算系统存在明确的访问/拒绝政策

b. 授权访问实时全额结算系统以机构身份为基础（例如，申请者是否银行，或者其他特定类型的金融机构）

c. 授权访问实时全额结算系统以满足一整套保证系统安全和稳健运行的客观标准为基础（例如，资本要求、技术能力、内部风险控制、适当的管理等）

d. 存在正式规则和协议允许实时全额结算系统运营商及时地拒绝系统参与者

如果满足所有答案，或除 b 以外的所有答案	4 分
如果满足除 c 或 d 以外的所有答案	3 分
如果满足答案 a 或 c	3 分
如果满足答案 a 和 b	2 分
如果满足答案 b 和 d，或 c 和 d	1 分
其他	0 分

表 15　人民币跨境支付结算系统指数得分区间与分类

实际得分	发展水平	实际得分	发展水平
30 ~ 35	高　级	10 ~ 20	中低级
20 ~ 30	中高级	0 ~ 10	低　级

注：最高得分：35 分；最低得分：0 分。

图 33 列出了 2009 ~ 2013 年人民币跨境支付结算系统指数。

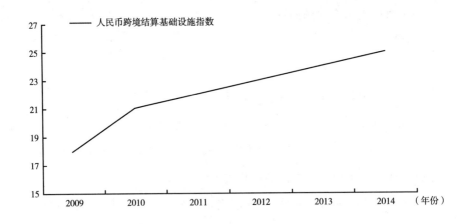

图 33　人民币跨境支付结算系统指数

从图 33 可以发现，自 2009 年 7 月中国人民银行启动跨境贸易人民币结算工作以来，人民币跨境支付清算基础设施在逐渐完善。

2009 年，中国央行与马来西亚、印度尼西亚、白俄罗斯、阿根廷等重要贸易伙伴国签署了双边货币互换协议。同时六个政府部门联合启动了跨境交易的人民币结算试点项目，人民币跨境基础设施粗具规模。

2010 年，人民币贸易结算试点计划扩大至 20 个省和直辖市。海外贸易结算扩大到世界其他地方。中银香港能够清算个人人民币业务、贸易结算、人民币债券发行费用以及内地当局批准的交易。提高了人民币跨境结算效率。

2011 年，中国央行发布关于跨境人民币交易的公告，人民币结算业务的 FDI 开始试点，R-QFII 计划启动。进一步完善了人民币跨境支付结算体系。

2012 年，伦敦市启动使其成为人民币业务中心的计划。中银香港成为马来西亚唯一的人民币清算行。人民币跨境支付结算扩展到全球范围，大幅提高了结算效率。

2013 年，中国银行台北分行被任命为台湾地区人民币清算行，工商银行被任命为新加坡的人民币清算行。中国银行金边分行被任命为柬埔寨人民币清算行。人民币跨境支付清算体系逐渐在东亚区域内形成交易网络，提高了清算效率。

2014 年，上海自贸区启动跨境人民币支付。央行上海总部制定《关于上海支付机构开展跨境人民币业务的实施意见》（以下简称《实施意见》），对支付机构开展跨境人民币支付业务实行事后备案和负面清单管理。这一方面提高了清算效率，另一方面也为跨境支付结算提供了法律保障。

总体上看，自 2009 年以来，人民币跨境支付结算的基础设施从无到有，发展迅速，为人民币跨境贸易和投资搭建了一个跨境公路。但是这一体系目前主要是以清算行为主导，是暂时性过渡系统，在法律基础、监管框架、支付效率还存在较大缺陷。

指数附表人民币跨境支付清算体系大事记

2009 年

● 覆盖中国香港、澳门和东盟的跨境贸易人民币结算试点计划在五个内地试点城市推出。

● 香港参与银行可向以人民币与中国贸易商进行贸易结算的外国贸易商提供贸易融资。

● 香港银行的内地分公司可在香港发行人民币债券。

● 中国央行成立一个新的部门负责汇率政策。其主要职能之一就是"发展与人民币国际化进程相一致的离岸人民币市场"。

● 中国央行与马来西亚签署双边货币互换协议。

● 中国央行与白俄罗斯、印度尼西亚和阿根廷签署双边货币互换协议。

● 六个政府部门联合启动跨境交易的人民币结算试点项目。

2010 年

● 人民币贸易结算试点计划扩大至 20 个省和直辖市。海外贸易结算扩大到世界其他地方。

● 中银香港能够清算个人人民币业务、贸易结算、人民币债券发行费用以及内地当局批准的交易。

● 人民币银行间市场向经选择的离岸人民币持有人开放。

● 提出上海实施资本项目下的人民币结算。

● 人民币直接境外投资试点启动。

● 中国与俄罗斯之间的贸易结算将使用两国的货币。

2011 年

● 中国央行发布关于跨境人民币交易的公告，人民币结算业务的 FDI 开始试点。

● R-QFII 计划启动。

2012 年

● 中银香港已获中国银行授权，成为马来西亚唯一的人民币清算行。

● 伦敦市启动使其成为人民币业务中心的计划。

● 2012 年，第一批人民币合格境外机构投资者（R-QFII）配额被分配给设在香港的内地券商。

● 台湾"央行"宣布已与北京签署一份协议，将为建立新的离岸市场（CNT）设立一个人民币清算系统。

● 中国银行台北分行获得台湾人民币清算业务资格。台湾地区会有其自己的离岸人民币即期汇率 CNT，正如香港的 CNH。

● 中国人民银行与中国银行澳门分行续签《关于人民币业务的清算协议》。

2013 年

● 中国人民银行与中国银行台北分行签订《关于人民币业务的清算协议》。中国银行台北分行为台湾地区人民币清算行。

● 英国央行与中国央行签署为期 3 年的英镑与人民币互换协议。

● 人民币业务在台湾地区启动。

● 工商银行被任命负责新加坡的人民币清算业务。

● 中国央行与新加坡金管局将货币互换规模扩大至 3000 万元人民币，有效期为 3 年。

● 2013 年中国银行金边分行获柬埔寨中央银行批准，成为柬埔寨本地和跨境人民币业务清算银行。

2014 年

● 上海自贸区启动跨境人民币支付。央行上海总部制定《关于上海支付机构开展跨境人民币业务的实施意见》（以下简称《实施意见》），对支付机构开展跨境人民币支付业务实行事后备案和负面清单管理。

● 2014 年 2 月，英国财政大臣奥斯本（George Osborne）出席 G20 会

议期间表示，英国积极与中国协商成立人民币清算银行，应该会"很短的时间内"敲定。

● 2014 年 2 月，在中国进行国事访问的匈牙利总理欧尔班·维克多到访中国银行时表示愿意为包括本国在内的中东欧地区人民币业务发展提供支持，并支持中国银行成为匈牙利人民币清算行。

第三节　人民币跨境结算出现的主要问题

（一）法律基础较薄弱

人民币跨境支付结算系统的法律位阶较低，支付结算运行环境存在不确定性。《中华人民共和国中国人民银行法》第二十七条："中国人民银行应当组织银行业金融机构相互之间的清算系统，协调银行业金融机构之间的清算事项，提供清算服务。具体办法由中国人民银行制定。"目前，关于支付系统的制度规定都属于规范性文件层次，如《中国人民银行办公厅关于印发〈大额支付系统业务处理办法（试行）〉、〈大额支付业务处理手续（试行）〉及〈大额支付系统运行管理办法（试行）〉的通知》（2002 年 9 月 9 日银办发〔2002〕217 号）等。由于规范支付清算行为的规范性文件位阶较低，在发生纠纷引发诉讼时，可能会造成法律适用的不确定性，中国人民银行规范性文件的管理意图无法实现，造成了支付清算法律环境的不确定性。这与《重要支付系统核心原则》"系统的制度办法应当是可以强制执行的而且其后果是可预见的"的要求相悖。

结算最终性的法律基础没有确立。结算最终性是指支付系统对参与者和特许参与者发起的支付指令一经结算即具有最终性，其效力不受其他债权债务的影响，即不受破产法或其他法律的影响和追溯。结算最终性是维护支付结算系统稳定的基石，因为如果已结算的指令可以被撤销，则意味着所有轧差的交易都要被解退，参与者清算账户的余额会改变，将会发生一系列的连锁反应，产生系统性的影响。因此，世界各国的法律都确认了结算最终性的效力。我国《企业破产法》第十六条规定："人民法院受理破产申请后，债务人对个别债权人的债务清偿无效。"最高人民法院《关于审理企业破产案件若干问题的规定》第十条规定："人民法院决定受理企业破产案件的，应当制作案件受理通知书，并送达申请人和债务人。通知书作出时间为破产案件受理时间。"案件受理通知书做出的时间与案件受理通知书送达的时间存在时间差，这期间发生的已结算支付指令的效力尚无法律规定。因此，《企业破产法》的规定会导致对已结算支付指令的追溯，影响支付系统的稳定性。

净额结算缺乏相应的法律基础。与国际上的净额结算（又称轧差）安排相比，我国尚未在法律层面明确轧差安排的法律地位，仅在人民银行颁布的一些文件中对轧差安排做出规定，也没有轧差结算风险防范的具体规定。同时，净额结算在我国《企业破产法》中的效力不明确。在涉及交易主体破产时，净额结算可能面临无效的法律风险。

（二）监管难度较高

境内人民币支付系统风险增加。现行跨境人民币清算安排下，港澳人民币业务清算行、境内代理银行和境外机构境内开户银行均通过中国人民银行跨行支付系统办理跨境人民币业务。随着跨境人民币业务的快速发展，人民币跨行支付系统压力进一步加大，系统运行的稳定性对跨境人民币的收付也形成制约。同时在 SWIFT 与大额支付系统报文转换中，可能出现报文交易信息泄密的问题，增加了系统风险。

易混淆资金来源。《中国人民银行关于明确跨境人民币业务相关问题的通知》（银发〔2011〕145 号）规定：经常项下人民币资金划转使用 60 和 62 报文，资本项下人民币资金划转使用 70 和 71 报文，而我国未设立类似外汇日元清算系统的专门用于跨境人民币清算的系统，所有境内资金清算、跨境人民币清算行均可依托 CNAPS 进行，若境内外汇款行在系统中未做详细说明，系统无法识别资金是否跨境资金，收款行无法有效区分资金来源于境内还是境外，无严格控制，结算银行存在被动违规的可能。

影响统计监测的准确性和全面性。跨境人民币资金结算，涉及跨境资金流动，影响国际收支统计监测的全面性。由于国内大额支付系统的栏位较少，信息录入无法满足跨境资金的统计监测需求。尤其是当资金通过几道转汇环节之后，容易混淆、丢失一些统计要素，甚至难以识别资金的跨境性质，从而影响到跨境资金统计监测的全面性和准确性。同时，受技术支持层面影响，三类渠道均分散地进行清算，不利于货币监管部门全面掌握人民币国际流动情况，对跨境人民币流动实施准确的监测与调控。

（三）清算效率低于其他国际货币

支付清算系统未能完全自动化。当境内银行资金汇入（汇出）行与其代理行（清算行）是同一家银行的情况下，采用行内系统即可完成结算，能够实现自动化，清算速度快。在其他情形下，不论是代理行模式还是清算行模式，跨境人民币结算未能够完全实现全自动化。涉及三家银行——境外银行、境内银行以及代理行（清算行），境内外汇款信息传递采用的国际通用的 SWIFT 报文与国内银行间采用的人民银行大额支付系统的报文无法兼容，必须要进行转换，这就阻碍交易信息的快速传输，造成结算效率的损失。对于境外企业、银行来讲，人民币跨境结算在操作上与其他国际结算货币（如美元）结算方式不同，不仅需要 SWIFT 发报，而且在资金汇入时还要明确收款行具体到网点的行号用于境内通过大额支付系统汇划。这一点差异导致一些汇款因为行号不准确、汇路不清晰而被退回。此外，人民币跨境结算受制于大额支付系统运行时间。大额支付系统运行时间基于国内工作时间，与中国不在同一时区特别是时差较大的欧美地区的银行，处理跨境人民币业务就存在时差问题，跨境贸易结算实际有效可利用的时间过短，给海外人民币跨境结算带来诸多不便。

监管链条过长。由于人民币支付系统要求必须收款当天输入资料，审批环节严谨。客户发生的每一笔大额跨境人民币业务，相关业务的报关单达到数十张，银行资料输入工作量大，导致完成一笔大额跨境人民币业务输机工作至少需要半天时间，拖慢银行业务进度，影响清算效率。从企业角度看，因跨境人民币处理涉及资金收付、国际收支申报、人民币跨境申报，且分属不同的系统，影响业务办理效率，导致企业的业务办理时间长、效率低。目前人民币清算速度较慢，业务处理效率低于外币支付清算。

第四节　政策建议

(一) 短期推广清算行模式，中长期逐步弱化清算行垄断地位

目前有中银香港、中银澳门以及中国银行台北分行作为中国香港、澳门、台湾地区人民币清算行，中国银行马尼拉分行作为菲律宾个人人民币业务清算行。清算行均在深圳分行开立账户，中银香港、中银澳门通过深圳接口接入国内大额支付系统。借助清算行的特殊地位以及境外客户资源，能够迅速提高人民币在跨境贸易结算中的使用，在人民币跨境贸易结算发展初期是非常有效而可行的方式。从广东省结算模式结构可见一斑，广东省跨境贸易结算采用港澳清算行模式的结算量占比为 70% 以上，代理行模式约 20% 以上，余下百分之几通过 NRA 账户。

然而，在清算行模式下，授权特定商业银行为"唯一清算行"增加了清算业务受理过程中垄断性经营风险和内控体系缺失危机，难以营造中国银行与其他商业银行公平竞争的金融环境。垄断经营不利于离岸市场发

展。另外，收到人民币后，收款人在收款银行将人民币兑换为美元或港元时，香港（澳门）中国银行从中收取较高的手续费，导致客户兑换成本增高，影响港澳地区收款人接受人民币的意愿，不利于人民币作为国际货币发挥"便利性强、换汇成本低"的支付结算功能。

虽然长期来看持续性不强，但是目前人民币支付清算系统还未全面建成，建议推动其他有意发展人民币业务的国家和地区借鉴香港清算行经验，发展当地的人民币支付清算体系，为人民币跨境结算提供硬件条件。在人民币结算统一平台建立完善前，保留清算行结算模式，待统一平台使用并完善后视当时情况确定是否保留清算行模式，或者保留清算行模式，将清算行视为一般的代理行，不赋予唯一清算资格的银行。

（二）提高跨境支付清算效率是发展方向

随着人民币在国际贸易中的广泛使用，采用人民币进行跨境贸易结算规模将逐步扩大；同时，随着人民币国际化的深入，资本项下开放程度的提高，境外机构、个人投资国内金融市场将成为一种常态；以及个人采用人民币进行跨境支付将成为可能，届时我国现有的跨境支付体系不能适应新的需要。未来人民币跨境支付清算体系应当能够办理经常项下、资本项下，个人和机构的各种人民币跨境业务，如客户汇款、头寸调拨、离岸清算机构业务、跨境证券交易的支付清算、不同货币对等支付的清算等，庞大的跨境支付体系有赖于资金的高效、快捷的跨境支付清算。因此，提高跨境支付清算效率是发展方向。

目前的三种人民币跨境结算方式：代理行模式、清算行模式以及 NRA 账户模式，从全国范围来看，没有一种结算模式独占鳌头。上海市人民币跨境结算中代理行模式使用较多，而在广东省内较多采用清算行模式进行结算，而通过 NRA 账户进行跨境贸易人民币结算较少。此种情况由地理位置、历史惯性、账户资金灵活性、清算效率、清算系统等因素决定。多种模式的发展削弱了单一结算方式的发展空间。清算的规模效应较为明显，多种清算方式有碍清算成本的降低。从国际经验来看，单一跨境支付清算方式的国家较多，结合我国情况来看，以一种清算模式为主，其他方式为辅将是一种优化的格局。

代理行模式是国际通用的结算方式，相比清算行模式，其发展空间更大，扩展性更强。无须境外金融监管机构确定清算行，境外银行可自由选择境内银行作为代理行。但是目前我国代理行模式依托境内人民银行大额支付系统，没有一个独立完善的系统作为支撑。在今后人民币国际化不断发展过程中，将制约新业务的开展。而且大额支付系统逐笔清算的安排效率低于主要国际货币清算，因而需要一个强大的跨境支付清算系统支撑人民币跨境业务向前推进，即一个独立于国内大额支付系统的跨境人民币清算系统。

清算行是特殊的代理行，可以预见清算行在境外的特殊地位随着代理行模式的发展呈缓慢降低的趋势。待代理行模式完善后，清算行的垄断地位或许不复存在，作为一般的代理行，直接参与跨境人民币支付清算系统进行清算。NRA 账户模式便利性最高，但由于限制较多发展受到约束，待国内开放度进一步提高后，有可能成为一种重要的辅助结算方式。最终形成以代理行模式为主，清算行模式、NRA 账户模式以及其他模式为辅的格局。

（三）建立人民币跨境支付清算系统

境内人民币清算主要依托的是现有大额支付系统由各家商业银行开立在中国人民银行的账户之间的借贷记账完成。目前的清算安排，扩展性不强，不能够适应人民币国际化发展趋势下新业务的开展，清算效率不高且效率提升空间有限，不能够促进推动跨境人民币结算，也不能够满足未来大规模的跨境人民币结算需要。建立一个类似于美国 CHIPS 系统的跨境人民币支付清算系统能够促进跨境人民币结算规模扩大。

在人民币跨境交易量相对较小阶段，对清算效率、成本要求相对较低，可采用以全额实时支付清算为基础的支付清算系统；在交易量扩大之后，可考虑将系统升级为类似于美元 CHIPS 系统的连续实时多边轧差支付清算系统，进一步提高清算效率。同时，系统包括支付清算业务以及信息传递业务，即不需要依托国际报文系统进行信息传递。功能上，连接境内外直接参与者，处理人民币贸易类、金融和投资类等跨境支付业务，满足跨境人民币业务不断发展的需要。同时适当扩大系统运行时间，适应不同时区业务需求。该系统拥有直接参与者、间接参与者以及特殊参与者。满足一定条件的境内外银行可作为直接参与者参与系统清算，其他金融机构可作为间接参与者由直接参与者代理完成清算。特殊参与者包括特殊的非银行金融机构，其准入制度有别于银行业金融机构。

此外，借鉴国外主要跨境支付清算系统的构建和管理，完善清算系统股东与会员结构治理方案。根据市场和跨境清算的发展状况，由央行牵头，金融机构参与共同运作的跨境人民币清算，不断扩大服务范围，构建高效、精确、安全的市场化的清算业务系统。

参考文献

Alexander Swoboda, *The Euro-DollarMarket*: *An Interpretation*, *Essays in International Finance*, Princeton University, 1968.

Annette Kamps, The Euro as Invoicing Currency in International Trade, http: //www. ecb. int/pub/pdf/scpwps/ecbwp665. pdf, 2006.

Bacchetta, Philippe and Eric van Wincoop. A Theory of the Currency Denomination of Inter- national Trade [J], 2005 *Journal of International Economics*, Vol. 67, No. 2, 2005.

Bilson, John F. O. The Choice of An Invoice Currency in International Transactions, Bhandari, J. , Putnam, B. , eds. , *Interdepen-dence and Flexible Exchange Rates* [M], MIT Press, Cambridge, 1983.

Charles Engel, Equivalence Results for Optimal Pass-Through, Optimal Indexing to Exchange Rates, and Optimal Choice of Currency for Export Pricing, *Journal of the European Economic Association*, Vol. 4, 2006.

Devereux, Michael, Charles Engel, Storegaard. Endogenous Exchange Rate Pass- Through when Nominal Prices are set in Advance [J] . *Journal of International Economics*, Vol. 63, No. 2, 2004.

Donnenfeld, Shabtai and Itzhak Zilcha. Pricing of Exports and Exchange

Rate Uncertainty [J] . *International Economic Review*, 1991, Vol. 32, No. 4.

Fredrik Wilander, An Empirical Analysis of the Currency Denomination in International Trade, http: //www. snee. org/filer/papers/262. pdf, 2004.

Giovannini, Alberto. Exchange Rates and Traded Goods Prices [J]. *Journal of International Economics*, 1988, Vol. 24.

Goldberg, Linda S. and Cedric Tille. Vehicle Currency Use in International Trade [J] . NBER Working Paper, 2005, No. 11127.

Grassman, Sven. A Fundamental Symmetry in International Payment Patterns [J] . *Journal of International Economics*, 1973, Vol. 3.

Hartmann, Philipp. The Currency Denomination of World Trade after European Monetary Union [J] . *Journal of the Japanese and International Economics*, 1998, Vol. 12.

Helene Rey, International Trade andCurrency Exchange, *Review of Economic Studies*, Vol. 68, 2001.

Helpman, Elhanan, and Paul R. Krugman. *Market Structure and Foreign Trade: Increasing Returns, Imperfect Competition, and the International Economy.* MIT press, 1985.

Hiroyuki Oi, Akira Otani and Toyoichiro Shirota, The Choice of Invoice Currency in International Trade: Implications for the Internationalization of the Yen, *Monetary and Economic Studies*, Vol. 22, 2004.

Ito Takatoshi, Koibuchi Satoshi, SatoKiyotaka and Shimizu Junko, Determinants of Currency Invoicing in Japanese Exports: A Firm-level Analysis, http: //www. rieti. go. jp/jp/publications/dp/09j013. pdf, 2009.

Jenny Lighart and Jorge A. da Silva, Currency Invoicing in International Trade: A Panel Data Approach, http: //arno. uvt. nl/show. cgi? fid = 59360, 2007.

Jingtao Yi, China's Exchange Rate Movements and Corporate Currency Invoicing Strategies, http: //www. nottingham. ac. uk/cpi/documents/discussion-papers/discussion-paper – 31 – invoice-currency. pdf, 2008.

Johnson, Martin and Daniel Pick. Currency Quandary: The Choice of the Invoicing Currency under Exchange-Rate Uncertainty [J] . *Review of International Economics*, 1997, Vol. 5, No. 1.

Linda Goldberg and Cedric Tille, Vehicle Currency Use in International Trade, *Journal of International Economics*, Vol. 76, 2008.

Martin Johnson and Daniel Pick, Currency Quandary: The Choice of the Invoicing Currency under Exchange-Rate Uncertainty, *Review of International Economics*, Vol. 5, 1997.

Michael, Devereux and Shouyong Shi, Vehicle Currency, http: // faculty. arts. ubc. ca/mdevereux/vc09. pdf, 2009.

Page, S. The Choice of Invoicing Currency in Merchandise Trade [J]. *National Institute Economic Review*, 1981, Vol. 98, No. 1.

Paul Krugman, Vehicle Currencies and theStructure of International Exchange, *Journal of Money, Credit and Banking*, Vol. 12, 1980.

Phillippe Bacchetta and Eric van Wincoop, A Theory of the Currency Denomination of International Trade, *Journal of International Economics*, Vol. 67, 2005.

Richard Friberg and Fredrik Wilander, The Currency Denomination of Exports: A QuestionnaireStudy, *Journal of International Economics*, Vol. 75, 2008.

Ronald McKinnon, *Money in International Exchange: The Convertible Currency System*, Oxford University Press, 1979.

S. Page, The Choice of Invoicing Currency in Merchandise Trade,

National Institute Economic Review, Vol. 98, 1981.

Shabtai Donnenfeld and Alfred Haug, Currency Invoicing in International Trade: An Empirical Investigation, *Review of International Economics*, Vol. 11, 2003.

Shabtai Donnenfeld and Alfred Haug, Currency Invoicing of US Imports, *International Journal of Finance and Economics*, Vol. 13, 2008.

Shabtai Donnenfeld and Itzhak Zilcha, Pricing of Exports and Exchange Rate Uncertainty, *International Economic Review*, Vol. 32, 1991.

Shabtai, Donnenfeld and Alfred Haug. Currency Invoicing in International Trade: an Empirical Investigation [J] . *Review of International Economics*, 2003, Vol. 11, No. 2.

Shin-ichi, Fukuda and Masanori Ono. On the determinants of exporters' currency pricing: History vs. expectations [J] . *Journal of the Japanese and International Economies*, 2006, Vol. 20, No. 4.

Shinichi Fukuda and Masanori Ono, On the Determinants of Exporters ´ Currency Pricing: History vs. Expectations, *Journal of the Japanese and International Economies*, Vol. 20, 2006.

Stephen P. Magee and Ramesh K. S. Rao, Vehicle and Nonvehicle Currencies in InternationalTrade, *The American Economic Review*, Vol. 70, 1980.

ven Grassman, Currency Distribution and Forward Cover in Foreign Trade: Sweden Revisited, Journal of International Economics, Vol. 6, 1976.

Viaene, Jean-Marie and Casper G. de Vries. On the Design of Invoicing Practices in International Trade [J] . *Open Economies Review*, Vol. 3, 1992.

张明:《人民币国际化: 基于在岸与离岸的两种视角》[J],《金融与经济》2011 年第 8 期。

张斌、徐奇渊：《汇率与资本项目管制下的人民币国际化》[J]，《国际经济评论》2012 年第 9 期。

余永定：《从当前的人民币汇率波动看人民币国际化》[J]，《国际经济评论》2012 年第 1 期。

陈德霖：《离岸人民币业务发展之我见》，《中国经济观察》（博源基金会）2011 年正刊第 7 期。

何东、马骏：《评对人民币国际化的几个误解》，《中国经济观察》（博源基金会）2011 年正刊第 7 期。

何帆、张斌、张明、徐奇渊、郑联盛：《香港离岸人民币金融市场的现状、前景、问题与风险》，《国际经济评论》2011 年第 3 期。

秦晓：《人民币跨境贸易结算：定位与评价》，中国金融 40 人论坛，2011 年 8 月 3 日。

王信：《如何看人民币国际化过程中的问题与收益》，中国金融 40 人论坛，2011 年 7 月 26 日。

余永定：《人民币国际化必须目标明确、循序渐进》，中国社会科学院世界经济与政治研究所国际金融研究中心，财经评论系列，No. 2011042，7 月 4 日。

余永定：《人民币国际化路线图再思考》，中国社会科学院世界经济与政治研究所国际金融研究中心，财经评论系列，No. 2011056，9 月 14 日。

张斌：《次序颠倒的人民币国际化进程》，中国社会科学院世界经济与政治研究所国际金融研究中心，财经评论系列，No. 2011036，6 月 21 日。

张斌：《对人民币国际化问题争论的进一步澄清》，中国社会科学院世界经济与政治研究所国际金融研究中心，财经评论系列，No. 2011050，8 月 2 日。

| 附 | 件 | 1 |

台湾人民币国际化调研报告

2013 年是中国台湾地区的人民币元年。这一年，台湾离岸人民币业务发展迅猛，结算、宝岛债、跨境贷款、人民币理财产品四箭齐发，人民币存款规模更以惊人的速度不断扩张。截至 2014 年 2 月，台湾外汇指定银行（DBU）以及国际金融业务分行（OBU）人民币存款共 2470 亿元，同比增长 533%。面对如此局面，不少岛内人士都忍不住惊呼"人民币时代来了"。

人民币时代的背后

台湾与大陆在政策层面的积极配合和共同努力是人民币业务能够在岛内迅速发展的重要原因之一。2012 年 8 月，台湾与大陆签署了《海峡两岸货币清算合作备忘录》。随后，中国人民银行根据备忘录内容，授权中国银行台北分行担任中国台湾地区人民币业务清算行，并于次年 1 月与中银台北签订了《关于人民币业务的清算协议》。至此，两岸货币清算体系正式建立，海峡两岸的金融机构可直接通过清算行为客户办理人民币跨境结算，大幅增加了相关业务的便利性。

除货币清算机制外，台湾金融监管部门还先后取消了 OBU 和 DBU 办理人民币业务的限制，鼓励金融机构发行人民币结构型产品、人民币计价基金和保单等，以丰富人民币离岸市场。2013 年 3 月，人民币计价债券宝岛债推出。随后为适应快速增长的人民币规模，进一步拓宽人民币资金出路，台湾开始允许大陆境内政策性银行、国有商业银行或股份制银行在台发行宝岛债。截至 2014 年 1 月底，台湾共有 15 款宝岛债，总计发行规模为 121 亿元人民币，成为多元化人民币投资渠道的一个重要支柱。

台湾当局对完善基础设施建设也十分重视。为提升人民币支付结算的安全与效率，台湾于 2013 年 9 月底协调中银台北作为人民币业务清算行，加入其外币结算平台，提供境内及跨境人民币汇款、资金调拨的结清算服务。此举使得透过该平台进行的人民币汇款无须绕道第三地，削减手续费之余亦提高了汇款效率，便利了民众与企业的资金调度。平台的中文汇款系统还有助于减少过去因英文导致的错误退回率，增加汇款准确率。

中银台北提供的优厚人民币转存利率是台湾人民币存款快速累积的另一关键推手。目前台湾人民币一年期存款利率在 3.3% 左右，高出台币存款约 2 个百分点，再加上民众对人民币升值的普遍预期，导致企业和个人纷纷将新台币和美元存款转换为人民币存款。在人民币应用渠道匮乏的情况下，台湾银行业依旧选择高息揽储，这其中清算行中银台北扮演了极为核心的角色。据调查，中银台北给台湾银行业的人民币一年期转存利率约在 3.8% 以上，已超过台湾目前人民币贷款和宝岛债的利率，也远高于同是清算行的中银香港，以及中国工商银行新加坡分行。在高回报低成本的吸引下，台湾银行业吸收的人民币存款约有六成至八成都被转存至中银台北。

人民币困局

尽管台湾人民币资金池增长迅速，资金使用效率却非常低下，且套利套汇成为资金累积的主要动机，离岸人民币市场机制在实质上并未得到发挥。未来随着人民币升值预期减弱，以及大陆市场化改革推进，围绕人民币投机性商机将逐渐消失。如果届时市场上仍旧缺乏人民币真实需求，那么企业和民众持有人民币存款的意愿就会下降，台湾的人民币市场很可能会急剧萎缩。

正是看到这一点，台湾自 2014 年下半年起就在不断设法活化人民币资金池。但总体上收效并不显著，可供投资的人民币产品种类仍较少，规模也不大。目前宝岛债与各项人民币理财产品总金额仅是存款规模的 8%。于是，拓宽人民币回流渠道成为岛内金融机构与主管部门当下最迫切的诉求。

除进出口贸易结算外，现阶段台湾人民币回流大陆的方式主要包括昆山实验区内试点性质的台企集团内部跨境双向人民币借贷、部分大陆金融机构在台发行的宝岛债、RQFII，以及投资大陆银行间债券市场等。受额度管控和政策限制的影响，这些方式都未能充分发挥其疏导人民币回流的功效。以昆山深化两岸产业合作试验区为例，设立一年多的时间内，区内双向人民币借款总规模仅 69.1 亿元，相较千亿级的人民币存款而言实属杯水车薪。岛内机构对 RQFII、大陆银行间债券市场的参与度更不必言，基本尚处于试水阶段。原本两岸于 2013 年 6 月签署的《海峡两岸服务贸易协议》若能生效，大陆资本市场及证券业对台开放力度将加大，RQFII 试点额度也随之增加 1000 亿元，这对完善人民币回流机制大有裨益。但鉴于眼下台湾"反服贸"运动的形势，短期内恐难以实现。

走出困局的三项工作

目前台湾人民币存款规模还在持续扩张，套利套汇驱动、境外流通及回流机制缺乏所蕴藏的风险也不断累积。若无法尽早走出这一人民币困局，台湾离岸人民币市场的发展前景未必乐观，很可能会陷入停滞甚至出现倒退。就现阶段而言，台湾需要加强三方面的工作。

一是鼓励和推动人民币在实体贸易和投资中的使用。台湾建设离岸人民币中心的一大优势就是与大陆经贸往来密切。长期以来，受人民币可兑换性及其他历史因素的影响，两岸企业在双边贸易和投资中都采用第三方货币美元作为计价和结算货币，增加了企业的运营成本和汇兑风险。随着两岸货币清算体系的完善以及人民币国际接受度的提升，企业出于便利性及规避汇率风险的考虑，有动机用人民币替代美元作为交易货币。台湾金融主管部门可以通过进一步健全支付结算系统、支持金融机构为企业提供人民币相关交易服务等方式，鼓励和推动企业将这部分动机转换为真实需求，促进人民币在实体经济领域的流通和使用。

二是丰富人民币投资品种，刺激第三方持有、使用人民币。现阶段人民币境外流通渠道主要是投资境外人民币计价产品，若产品种类贫乏，则无法满足市场参与者不同风险偏好和流动性偏好的投资需求。这进而抑制了投资者持有人民币作为投资品的意愿，不利于汇集和吸引国际上希望参与中国发展的资金。因此，台湾金融主管部门可考虑进一步松绑金融机构人民币产品的创新，逐步推出以人民币计价的股权投资、项目贷款、大宗商品交易等，同时积极建设宝岛债等产品的二级市场，提升其市场流动性，为投资者提供更有效的退出平台。此外还可适当延长离岸人民币结算系统运营时间，以便利全球其他地区的金融机构通过台湾进行离岸人民币支付交易结算，吸引第三方参与到台湾离岸人民币市场中来。

三是与大陆合作，循序渐进地拓宽人民币回流渠道。健全回流机制有助于完善人民币资金跨境流动的循环体系，但真正的人民币离岸金融中心有必要形成不依赖大陆在岸市场的人民币境外自我循环流动机制。过快过大地拓宽人民币回流渠道，长期来看并不利于人民币离岸市场的健康发展，它在一定程度上将会削弱金融机构开发人民币境外使用途径的动力，影响人民币"境外大循环"的建立。不仅如此，如果人民币只在在岸和离岸市场之间流动，没有第三方使用，离岸市场也无法真正得到成长。因此，两岸有必要在政策协调的基础上，循序渐进地疏通人民币回流渠道，兼顾市场的长期发展和资金的短期活化。

对大陆来说，台湾离岸人民币市场若能走出困局，健康持续发展，自是最好不过，它对深化两岸经贸关系、加速人民币国际化进程都有一定的推动作用。然而诚如央行行长周小川所言，大陆可以协助创造开展离岸人民币业务的条件，但离岸中心的形成最终还是取决于市场。台湾要想抓住人民币国际地位上升的契机，真正迎来人民币时代，还需多加努力。

附件 2

澳大利亚人民币国际化调研报告

长期以来，中国与澳大利亚都有着良好而密切的贸易投资关系，促进人民币与澳大利亚元在双边贸易和投资中的使用，不仅有利于加强两国金融合作，支持中澳之间不断发展的经济金融关系，更有助于推动人民币国际计价和结算职能的发挥，为实现人民币国际化奠定坚实的基础。

为此，社科院世经政所于 2014 年 2 月 26 日至 3 月 2 日赴澳大利亚就人民币在中澳两国的跨境使用以及人民币国际化等议题进行实地调研。调研组与澳大利亚财政部人员、澳大利亚智库和悉尼大学相关研究人员等分别进行了沟通与交流，现将有关情况报告如下。

（一）澳方对人民币国际化的整体态度

从总体上来看，澳大利亚的私人部门对人民币国际化进程关注度较高，不少民间智库、金融企业和学术机构都对人民币国际化的前景进行了研究和分析。根据澳大利亚国际金融与监管中心（CIFR）的报告，在不出现重大经济、市场或政治阻碍的情况下，中国将在未来十年内取得人民币国际化一系列实质性的进展，包括取消绝大部分或全部资本管制、利率汇率市场化、人民币成为主要国际储备货币等。

澳大利亚的进出口企业对人民币计价结算的动向也相当关切。CIFR
在 2013 年下半年对中澳双边贸易企业的问卷调查显示，98% 的澳大利亚
企业意识到人民币结算这一方式的存在，49% 预期交易对手方会鼓励使用
人民币结算，更有 63% 的企业表示，愿意在未来增加对人民币的使用，
表明澳大利亚进出口企业对在跨境交易中使用人民币计价结算已有较为充
分的心理准备。

政府部门方面，澳大利亚财政部人员对人民币国际化表达了支持的态
度，并表示澳大利亚乐意成为人民币离岸中心。但他们同时也指出，人民
币能否成为国际货币，在跨境交易被广泛接受，最终取决于市场的力量。
因此，在他们看来，资本项目开放、人民币可自由兑换可能是市场参与者
选择是否使用人民币的重要先决条件。

（二）人民币在中澳跨境使用中面临的机遇与挑战

1. 宏观政策层面

目前中澳两国政府为促进两国之间的双边贸易和投资，便利人民币和
澳元在贸易投资结算中的使用，满足经济主体降低汇兑成本的需要，已形
成一系列的政策支持框架，包括签署货币互换协议、人民币对澳元直接交
易以及澳大利亚人民币清算平台的搭建等，这些无疑都增强了人民币贸易
和投资参与者的信心，加快了人民币国际化在澳的步伐。

然而，CIFR 的报告指出，部分政策并未达到其预期的目标。以人民
币澳元直接兑换为例，理论上，这一措施应当能够减少买卖价差，增加换
手率，从而提升外汇市场流动性。但实际上，直兑开启之后，由于企业参
与度较低，相关业务主要形成于银行间市场，多数交易金额较小，且被用
来投机或对冲风险。银行间市场形成的价差无法传递到外汇市场，制约了
人民币在当地影响的扩大。

2. 微观企业层面

在微观层面，一个值得关注的问题是中澳双边贸易中的人民币计价和结算。根据 CIFR 调查，澳大利亚对中贸易企业认为使用人民币结算最为不利的是对以美元计价合约的偏离，这将增加他们的交易成本，而中国企业则更为担心人民币结算的汇率风险。

不仅如此，他们还发现，相比澳大利亚企业，中方企业事实上更不愿意接受人民币贸易结算。这可归结为三方面原因：一是中国的银行不愿意放弃高利润的外汇交易，因此部分大陆银行据传会对用人民币结算的企业加收费用或延迟结算；二是如果出口以人民币计价和结算，交易的真实性难以被证明，出口退税较难落实；三是中国出口商有时倾向于用美元结算，因为它更容易兑换成其他货币。

投资方面，基金等机构投资者普遍认为人民币国际化会给他们带来很好的投资机会，但市场监管环境、市场准入、资本项目管制、上市公司治理水平等问题都是制约他们投资中国资本市场的因素。

（三）思考与建议

综上，人民币国际化在澳大利亚起步以来，发展势态良好，引起了市场参与者的广泛关注。在调研过程中，我们既感受到了澳大利亚私人部门对人民币国际化前景的热切期待，也注意到实际操作层面所存在的一些障碍。下一阶段，除进一步深化我国金融体制改革外，还可考虑从以下三方面推动人民币在中澳跨境使用中职能的发挥。

一是不断完善中澳两国便利人民币和澳元跨境使用的宏观政策框架，增强市场参与者对人民币相关业务的信心，提升私人企业对人民币的接受度。对既有政策框架要保持关注，定期审视其落实状况，及时了解障碍和问题所在并予以修正。

二是理顺人民币贸易计价结算机制，确保人民币结算安排简便高效，开展企业教育，增进国内进出口企业对人民币贸易计价和结算的了解，同时鼓励发展与人民币计价结算相关的风险管理产品。

三是推动多层次资本市场的健康发展，健全市场运行机制，完善监管体系，提高上市公司质量，同时实行更加积极主动的开放战略，加强对境外机构投资者的信息披露，提升人民币金融资产的国际需求。

图书在版编目（CIP）数据

人民币国际化/张斌等著.—北京：社会科学文献出版社，
2015.5
　（基地报告）
　ISBN 978 - 7 - 5097 - 7392 - 5

　Ⅰ.①人… Ⅱ.①张… Ⅲ.①人民币（元）-国际化 -
研究 Ⅳ.①F822.1

中国版本图书馆 CIP 数据核字（2015）第 076043 号

·基地报告·
人民币国际化

著　　者/张　斌　等

出 版 人/谢寿光
项目统筹/恽　薇　陈　欣
责任编辑/王婧怡

出　　版/社会科学文献出版社·经济与管理出版分社（010）59367226
　　　　　地址：北京市北三环中路甲 29 号院华龙大厦　邮编：100029
　　　　　网址：www. ssap. com. cn
发　　行/市场营销中心（010）59367081　59367090
　　　　　读者服务中心（010）59367028
印　　装/三河市尚艺印装有限公司

规　　格/开 本：787mm × 1092mm　1/16
　　　　　印 张：16　字 数：221 千字
版　　次/2015 年 5 月第 1 版　2015 年 5 月第 1 次印刷
书　　号/ISBN 978 - 7 - 5097 - 7392 - 5
定　　价/69.00 元